Schriften des deutschen Vereins

für

Armenpflege und Wohltätigkeit.

Achtundachtzigstes Heft.

Zwangsmaßregeln gegen Arbeitsscheue und gegen säumige Nährpflichtige.

Leipzig,
Verlag von Duncker & Humblot.
1909.

Zwangsmaßregeln
gegen
Arbeitsscheue und gegen säumige Nährpflichtige.

Hauptbericht	Mitbericht
erstattet von	erstattet von
Dr. Lohse,	Stadtrat **Samter,**
Direktor des öffentlichen Armenwesens in Hamburg.	Charlottenburg.

Leipzig,
Verlag von Duncker & Humblot.
1909.

Alle Rechte vorbehalten.

Altenburg
Pierersche Hofbuchdruckerei
Stephan Geibel & Co.

Inhaltsverzeichnis.

I. Hauptbericht von Dr. Lohse.
Seite
1. Einleitung und Allgemeines 3
2. Die landesrechtlichen Bestimmungen über den armenpolizeilichen Arbeitszwang 10
    I. Königreich Sachsen 10
    II. Oldenburg 11
    III. Württemberg 12
    IV. Mecklenburg-Schwerin 12
    V. Anhalt 13
    VI. Hamburg 13
3. Statistische Erhebungen 16
    I. Die Fälle der Versäumnis der Nährpflicht in den einzelnen Städten . 19
    II. Die von der Nährpflichtversäumnis betroffenen Personen, nach Parteien gezählt 21
    III. Aufforderung zur Erfüllung der Nährpflicht und Ergebnis der Aufforderung 23
    IV. Anwendung des § 361 St.G.B. 24
    V. Arbeitszwang gegen das nährpflichtsäumige männliche Familienhaupt . 26
4. Die rechtliche Zulässigkeit des armenpolizeilichen Arbeitszwanges 31
5. Verschärfung der Zwangsmaßregeln gegen Arbeitsscheue und gegen säumige Nährpflichtige 36

Anhang.
    I. Reichsstrafgesetzbuch § 361 Nr. 5, 7, 10, § 362 44
    II. Preußisches Gesetz vom 21. Mai 1855, Artikel 11—14 . . . 44
    III. Zusammenstellung der landesrechtlichen Bestimmungen über den armenpolizeilichen Arbeitszwang 45
        1. Königreich Sachsen 45
        2. Oldenburg 49
        3. Württemberg 49

	Seite
4. Mecklenburg-Schwerin	51
5. Anhalt	52
6. Hamburg	54

II. Mitbericht von Stadtrat Samter.

Einleitung	61
1. Der Arbeitszwang ist ungesetzlich	63
2. Sittliche Bedenken	70
3. Der Arbeitszwang ist unwirksam	74
Vorschläge für die Zukunft	77

Zwangsmaßregeln gegen Arbeitsscheue und gegen säumige Nährpflichtige.

Bericht
von
Dr. Lohse,
Direktor des öffentlichen Armenwesens in Hamburg.

1. Einleitung und Allgemeines.

Die Armenpflege betrachtet heutzutage die Beseitigung der Ursachen der Hilfsbedürftigkeit als ihre vornehmste Aufgabe. Bei ihrem Kampfe gegen die Verarmung sind Zwangsmaßregeln da nicht zu entbehren, wo die Hilfsbedürftigkeit — wenigstens mittelbar — weniger auf **allgemeine soziale Verhältnisse**, die nur in allmählicher Entwicklung umgestaltet werden können, zurückzuführen ist, als vielmehr auf das **pflichtwidrige individuelle** Verhalten des Hilfsbedürftigen selbst oder anderer Personen. Die für die Armenpflege wichtigsten Fälle eines derartigen Verhaltens sind die Trunksucht, die Arbeitsscheu und die Versäumung der aus dem Familienrecht entspringenden Unterhaltspflicht. Um das Übel an der Wurzel zu fassen, bei dem soziale Zustände als tieferliegende Ursachen mehr oder weniger mitspielen, bedarf es umfassender sozialer Reformarbeit. Der Staat muß dafür sorgen, daß die Jugend in genügendem Maße Erziehung und Unterricht erhält, und so die heranwachsenden Mitglieder der menschlichen Gesellschaft zu brauchbaren und einsichtsvollen Menschen herangebildet werden. Wichtig sind in der Beziehung namentlich die Fortbildungsschulen und für die künftige Hausfrau der Haushaltungsunterricht. Wichtig ist auch, daß jetzt die Kinder schlechter Eltern einer öffentlich überwachten Erziehung unterstellt werden können. Die Bekämpfung der Trunksucht, Mittel gegen die Wohnungsnot, die Regelung des Arbeitsnachweises werden die Zahl der Fälle von Arbeitsscheu und Nährpflichtversäumnis wesentlich herabmindern. Unter der langsam wirkenden sozialen Reformarbeit darf man aber die Bedürfnisse der Gegenwart nicht unbeachtet lassen, die ein Vorgehen gegen den **einzelnen** verlangen, um ihn zur Pflicht zurückzurufen. Die Zwangsarmenpflege, die öffentlich-rechtliche Pflicht der Unterstützung **jedes** Hilfsbedürftigen, kann als Abwehrmaßregel gegen **mißbräuchliche** Inanspruchnahme der Unterstützung einen kräftigen Schutz gegen Arbeitsscheu und Versäumnis der Nährpflicht nicht entbehren.

Die Ausbreitung des Übels, namentlich die große Zahl der Fälle, in denen in den Großstädten das Familienhaupt Frau und Kinder hilflos zurückläßt, hat den **Deutschen Verein für Armenpflege und Wohltätigkeit** bestimmt, die Frage der Zwangsmaßregeln gegen solche Personen häufiger als irgendein anderes Thema zu erörtern. Der Verein befaßte sich zum ersten Male mit dem Gegenstande im Jahre 1881 und beschloß, "die Königliche Staatsregierung zu ersuchen, der Gesetzgebung eine Bestimmung einzufügen, wonach es in ähnlicher Weise, wie nach dem preußischen Gesetze vom 21. Mai 1855 Art. 13 der Fall war, den Behörden wiederum zustände, arbeitsfähige Personen, welchen zu ihrem eigenen Unterhalt oder zum Unterhalt ihrer Familie öffentliche Unterstützung gewährt werden muß, ohne vorgängige gerichtliche Prozedur durch eine Verwaltungsprozedur, welche mit Garantien des Schutzes gegen etwaige Willkür ausgerüstet ist, zur Arbeit innerhalb oder außerhalb des Arbeitshauses anzuhalten".

Dieser Antrag wurde im Jahre 1883 wiederholt. Eine zweimalige in demselben Sinne von dem Vereinsvorstande an den Reichskanzler gerichtete Eingabe blieb ohne Erfolg, und so beschloß im Jahre 1886 die Versammlung die nochmalige Wiederholung der Vorstellung und nötigenfalls die Übersendung einer Petition an den Reichstag. Die im Jahre 1887 eingereichte Petition wurde aber von der Kommission des Reichstages als ungeeignet zur Verhandlung im Plenum zurückgewiesen. Der Verein verharrte auf seinem Standpunkte, wonach der Erlaß der von ihm empfohlenen gesetzlichen Bestimmung im bringenden Interesse der Armenpflege, sowie des Gemeinwohles geboten sei.

Im Jahre 1893 wurde der Gegenstand mit Rücksicht darauf, daß dem Bundesrat der Entwurf eines Gesetzes zur Abänderung und Ergänzung des Gesetzes über den Unterstützungswohnsitz vorlag, der auch eine Strafbestimmung gegen die Nährpflichtsäumigen (den jetzigen § 361,10 St.G.B.) enthielt, wiederum auf die Tagesordnung der Jahresversammlung gesetzt. Fortan beschäftigte sich der Verein nur noch mit Zwangsmaßregeln gegen die Beiseitesetzung der Nährpflicht, während der Beschluß der Versammlung von 1881 auch Zwangsmaßnahmen gegen solche Personen umfaßte, denen nur zu ihrem eigenen Unterhalte Unterstützung gewährt werden muß. Auf Grund des Berichtes des Beigeordneten Zimmermann (D.V. 16, S. 207 fg.) hielt der Verein (D.V. 17, S. 111) an seiner Auffassung fest mit der Maßgabe:

"daß das Bedürfnis anerkannt wird, gesetzliche Bestimmungen zu erlassen beziehentlich beizubehalten, mittelst deren es den Behörden zusteht, arbeitsfähigen Personen, denen zum Unterhalt ihrer Familienangehörigen öffentliche Unterstützung gewährt werden muß, ohne vorgängiges gerichtliches Verfahren durch ein Verwaltungszwangsverfahren, welches mit den Bürgschaften des Schutzes gegen Willkür ausgerüstet ist, zur Arbeit innerhalb oder außerhalb des Arbeitshauses anzuhalten".

Diese Auffassung wurde dem Reichskanzler und sämtlichen Bundesregierungen mitgeteilt unter dem Hinzufügen, daß die vorgeschlagene Strafvorschrift gegen die Beiseitesetzung der Nährpflicht nur dann für ausreichend erachtet werde,

"wenn neben derselben für die vorbezeichneten besonders gearteten Fälle der Zuwiderhandlung gegen die Nährpflicht das vorerwähnte Verwaltungszwangsverfahren zugelassen bzw. beibehalten werde, und daß es der Erwägung anheimgestellt werde, ob nicht ein auf die Befugnis der Einzelstaaten zum Erlaß der Vorschriften letzterer Art sich beziehender Vorbehalt in der vorgeschlagenen Strafvorschrift selbst oder sonstwie zum Ausdruck zu bringen sei".

Während der Entwurf des jetzigen, am 12. März 1894 publizierten § 361,10 St.G.B. die Überweisung an die Landespolizeibehörde vorgesehen

hatte, wurde diese Bestimmung vom Reichstage gestrichen. Um zu diesem Mangel Stellung zu nehmen, setzte der Verein den Gegenstand für das Jahr 1895 abermals auf die Tagesordnung und beauftragte nach einem Berichte von Jakstein (D.V. 22, S. 1 fg.) eine Kommission:
„Ermittelungen darüber anzustellen, ob sich die Bestimmung des § 361, 10 St.G.B. als ausreichend bewährt habe, und unter gleichzeitiger materieller Prüfung des Gegenstandes über denselben zu berichten".

Das Ergebnis dieser Ermittelungen ist in den Berichten von Hirschberg, Jakstein und Münsterberg (D.V. 36) niedergelegt. Die Kommission stellte folgende Leitsätze auf:
1. „Die schuldhafte Versäumung der Nährpflicht von Eltern gegenüber ihren Kindern und von Ehemännern gegenüber ihren Ehefrauen bildet, abgesehen von der Belastung der öffentlichen Armenpflege, ein schweres, die Grundlagen der gesellschaftlichen Ordnung und Sitte bedrohendes soziales Übel. Neben Maßregeln der Volkswohlfahrt, die seine Abnahme zu befördern geeignet sind, können Strafmaßregeln nicht entbehrt werden.
2. Die Strafvorschrift des § 361, 10 St.G.B. hat sich, teils wegen der Unzulänglichkeit der angedrohten Strafe, teils wegen der dem praktischen Bedürfnis nicht entsprechenden Formulierung als unzureichend erwiesen.
3. Zu fordern ist:
    a) die Ausscheidung der bisherigen Strafvorschrift des § 361, 10 aus dem Rahmen der Strafvorschriften des § 361 und seine Behandlung als Sonderdelikt:
    b) die Nennung der Armenbehörde als der für Erlaß der Aufforderung zur Übernahme der Nährpflicht zuständigen Behörde;
    c) die Unterscheidung zwischen Versäumnis der Nährpflicht gegenüber Kindern und der gegenüber Ehefrauen mit der Maßgabe, daß für Fälle der ersten Art eine schwerere Strafe zu verhängen und auch die Überweisung an die Landespolizeibehörde zuzulassen ist:
    d) Ausschluß der Geldstrafe.
4. Es wird hiernach folgende Gesetzesvorschrift empfohlen: § 361a: Wer sich der Verpflichtung zum Unterhalt seiner Kinder oder seiner Ehefrau trotz Aufforderung der zuständigen Armenbehörde und trotzdem er zur Leistung des Unterhalts in der Lage ist, dergestalt entzieht, daß für die genannten Angehörigen die öffentliche Armenpflege in Anspruch genommen werden muß, wird mit Haft bestraft. Falls sich die Versäumung der Unterhaltspflicht gegen Kinder richtet, kann zugleich auf Überweisung an die Landespolizeibehörde mit der in § 362 vorgesehenen Wirkung erkannt werden."

Diese Berichte und Vorschläge bildeten die Grundlage der Verhandlungen auf der Nürnberger Versammlung von 1898. Einstimmig sprach sich der Verein dahin aus, daß die Strafbestimmungen des § 361,5 und 10 St.G.B. sich als durchaus unzureichend bewiesen haben, dem Übel der Versäumnis der Nährpflicht nur einigermaßen zu steuern. Über die Art der wünschenswerten Vermehrung der armenpolizeilichen Befugnisse gingen die Ansichten auseinander. Zum ersten Male wurde die Frage der rechtlichen Zulässigkeit des armenpolizeilichen Arbeitszwanges ausführlicher behandelt, die Lösung der Frage aber, als über die Zuständigkeit der Versammlung und den Zweck der Beratung hinausgehend, nicht unternommen. Hauptsächlich waren die Meinungen darüber verschieden, ob sich lediglich eine Revision der reichsgesetzlichen Strafbestimmungen oder daneben die Einführung des in einzelnen Bundesstaaten bestehenden Verwaltungszwangsverfahrens in den anderen Bundesstaaten empfehle. Die Gegner der letzteren Anschauung wiesen auf die Gefahren der Willkürlichkeit hin, die mit jedem Verwaltungszwangsverfahren verbunden sein könnten und hier besonders zu fürchten seien, weil die Armenverwaltung Kläger und Richter in einer Person sein würde.

Dr. Flesch hob zur Begründung eines von ihm in Verbindung mit anderen eingebrachten besonderen Antrages hervor, daß die gelindeste Freiheitsstrafe, die Haft, als Hauptstrafe unvereinbar mit der zuchthausähnlichen Nebenstrafe der Überweisung, daß deshalb die Einreihung des Delikts unter die Vergehen zu fordern sei, und daß die ganze Frage wegen ihres inneren Zusammenhanges mit sozialpolitischen und kriminalpolizeilichen Fragen einheitlicher gesetzlicher und administrativer Regelung bedürfe, für diese wesentlich auf dem Gebiete des Strafrechts und des Strafprozesses liegende Regelung aber nur die Richtung zu bezeichnen sei.

Im Gegensatze zu Dr. Flesch und Genossen, die ihren Antrag gerade deshalb gestellt hatten, weil sie das Verwaltungszwangsverfahren für ungesetzlich und daneben für unzweckmäßig und nicht wünschenswert hielten, sprach sich Dr. Buehl besonders warm für die Forderung eines Verwaltungszwangsverfahrens aus. Schließlich wurde der nachstehende, seinem Antrage entsprechende Leitsatz unter teilweiser Ablehnung des Antrages Flesch und in teilweiser Abweichung von den Kommissionsvorschlägen angenommen:

„Gegenüber der schuldhaften Versäumung der Nährpflicht von Eltern gegenüber ihren Kindern und von Ehemännern gegenüber ihren Ehefrauen erachtet die Versammlung eine einheitliche administrative und gesetzliche Regelung für erforderlich.

In erster Linie empfiehlt sie Überweisung in eine geschlossene Anstalt mit Arbeitszwang im Wege eines gegen Mißbrauch zu schützenden Verwaltungsverfahrens. Sie empfiehlt ferner die Ausscheidung der Strafvorschrift des § 361,10 aus dem Rahmen der Strafvorschriften des § 361 und seine Behandlung als Sondervergehen. Als Strafmittel sind für dieses Vergehen Gefängnisstrafe und Überweisung an die Landespolizeibehörde neben Haftstrafe für leichtere Fälle zuzulassen; die der Polizeibehörde bisher zugewiesene vorbereitende Tätigkeit hat auf die Armenbehörde überzugehen".

In der Jahresversammlung zu Berlin im Jahre 1906 wiederholte der Verein auf Antrag des Berichterstatters Dr. Münsterberg bei Erörterung der Novelle zum Gesetze über den Unterstützungswohnsitz seine Forderung, daß die Möglichkeit eines Administrativverfahrens im reichsgesetzlichen Wege geschaffen, der etwaige Widerspruch mit der Reichsgesetzgebung dadurch ausgeglichen werde, und daß, soweit dies nicht zureiche, die Verlassung der Familie als Sonderdelikt behandelt werde, das seine besondere Strafe und Sühne finde (D B. 76, S. 17, 77/78).

Endlich haben sich im Jahre 1908 Dr. Alice Salomon in ihrem Berichte über Mutterschutz und Mutterschaftsversicherung (D.V. 84, S. 15—17) und Dr. Luppe (D.V. 85, S. 42—44) für die Einführung des armenpolizeilichen Arbeitszwanges durch Landesgesetz in den Staaten, in denen er noch nicht zugelassen ist, ausgesprochen.

Außerdem sind in dem von Dr. Buehl verfaßten Artikel „Der

armenpolizeiliche Arbeitszwang" (Zeitschrift für das Armenwesen 1905 S. 97 fg.) die Gründe für die Zweckmäßigkeit und insbesondere für die rechtliche Zulässigkeit des Verwaltungszwangsverfahrens eingehend dargelegt.

Wenn dieser Gegenstand trotz des reichen Materials und trotz der immer wieder erfolgten Stellungnahme des Vereins zu der Frage in seinen Jahresversammlungen zur nochmaligen Verhandlung auf die Tagesordnung der diesjährigen Versammlung gesetzt ist, so war hierfür in erster Linie der Umstand maßgebend, daß die Regierungen verschiedener Bundesstaaten zur Zeit in Erwägungen darüber eingetreten sind, ob es sich empfiehlt, dem Beispiele Hamburgs folgend, den polizeilichen Arbeitszwang einzuführen. Es erschien daher wünschenswert, daß der Verein für Armenpflege und Wohltätigkeit, zumal da die Ansichten auf der Nürnberger Versammlung weit auseinandergingen, noch einmal das Wort ergreife und, soweit möglich, das vorhandene Material ergänze und bis auf die Gegenwart fortführe. Die früheren Erhebungen des Vereins über die Zahl der säumigen Nährpflichtigen und die mit § 361,10 St.G.B. von den Städteverwaltungen gemachten Erfahrungen erstreckten sich auf die Zeit vom 1. Juli 1896 bis dahin 1897, sind also bald nach Einführung der Bestimmung, die am 1. April 1894 Gesetzeskraft erlangte, vorgenommen worden. Es mußten deshalb neue Nachrichten gesammelt werden, die erkennen lassen, wie die Verhältnisse gegenwärtig liegen.

Das Thema umfaßt zwei Gruppen von Personen:

1. die **Arbeitsscheuen**, d. h. die Müßiggänger und Trunkenbolde, denen infolge ihres lasterhaften Lebenswandels zu ihrem **eigenen** Unterhalte Unterstützung gewährt werden muß;

2. die **säumigen Nährpflichtigen**, d. h. die Personen, die diejenigen, zu deren Ernährung sie verpflichtet sind, der öffentlichen Armenpflege anheimfallen lassen. Hierunter fällt auch das Familienhaupt, das in Arbeit steht und genügend verdient, seinen Verdienst aber nicht zum Unterhalte seiner Angehörigen verwendet. Soweit die Unterstützung der Angehörigen ihren Grund hat in der Arbeitsscheu des Unterhaltspflichtigen, wird er aus Zweckmäßigkeitsgründen zur zweiten Gruppe gerechnet, sofern er für **seine** Person nicht hilfsbedürftig ist.

Unter **Zwangsmaßregeln** sind nur solche gesetzlichen Einrichtungen zu verstehen, die die Übernahme der Fürsorge durch einen gegen die Person des Arbeitsscheuen oder Nährpflichtsäumigen gerichteten Zwang herbeizuführen geeignet sind. Nicht hierher gehört also die Erörterung der Maßnahmen, mittels derer in den Formen des gewöhnlichen Zivil- und Prozeßrechts die Armenverwaltungen auf die Erfüllung der Unterhaltspflicht hinzuwirken vermögen.

Reichsgesetzliche Bestimmungen, die hier in Betracht kommen können, sind in § 361 Nr. 7, 5 und 10 St.G.B. enthalten (Anhang I). Weitere Zwangsmaßregeln sind nicht erforderlich gegen Eltern im Verhältnisse zu ihren **erwachsenen** Kindern, gegen **Kinder**, die ihre Unterhaltspflicht gegen ihre Eltern vernachlässigen, und gegen **außereheliche Väter**. Was diese anlangt, so handelt es sich vielfach um Personen, auf die eine Strafverhandlung und kriminelle Bestrafung an sich auch ohne drohende

Überweisung in eine Arbeitsanstalt schon eine genügende abschreckende Wirkung ausübt. Vor allem aber kommt in Betracht, daß die Festhaltung in einem Arbeitshause in vielen Fällen derart nachteilige Folgen für die eigene engere Familie des außerehelichen Vaters nach sich ziehen würde, daß davon schon deshalb, von anderen Bedenken abgesehen, Abstand genommen werden muß. Dagegen kann das Zwangsmittel des § 361, 10 St.G.B. gegenüber dem außerehelichen Vater, der sich seiner Unterhaltspflicht entzieht, nicht entbehrt werden. Für die Anwendbarkeit der Gesetzesbestimmung auf den außerehelichen Vater haben sich ausgesprochen das Hanseatische Oberlandesgericht in einem Urteil vom 28. Januar 1897 (Goldammer Archiv 45, S. 294) und neuerdings wiederholt in einer Entscheidung aus diesem Jahre das Oberlandesgericht Braunschweig am 6. März 1906 (Deutsche Juristenzeitung 1907, S. 432), das Bayrische Oberste Landesgericht in einer sehr ausführlich begründeten Entscheidung vom 9. Oktober 1906 (Reger Bd. 27, S. 320), das Oberlandesgericht Dresden am 28. Oktober 1906 (Reger, Bd. 28, S. 313), das Oberlandesgericht Hamm am 3. März 1908 (Dortmunder Armenblätter IX, Nr. 1) und das Oberlandesgericht Cöln am 6. Juni 1908 (Zeitschrift für das Heimatwesen vom 1. November 1908). Auch die Literatur steht fast durchweg auf diesem Standpunkte (Olshausen Bem. a zu § 361, 10, Oppenhoff Nr. 70/71 zu § 361, 10, Deutsche Juristenzeitung 1906, S. 1366 und die dort angeführten Schriftsteller). Nur das preußische Kammergericht, das bereits in dem Urteil vom 29. November 1904 (Preuß. Verwaltungsblatt 1905, Nr. 34) in entgegengesetztem Sinne entschieden hat, hat seinen Standpunkt in einer neueren Entscheidung vom 17. Januar 1908 (Preuß. Verwaltungsblatt XXIX, S. 413—415) beibehalten. Während die übrigen Gerichte sich dahin ausgesprochen haben, daß weder nach seinem Wortlaut noch nach seinem Sinn und Zweck das Gesetz die Anwendung auf die Unterhaltspflicht des unehelichen Vaters ausschließe, führt das Kammergericht aus, daß nach der Entstehungsgeschichte des Gesetzes nur eine auf der Familienangehörigkeit beruhende Unterhaltspflicht durch das Strafrecht geschützt werde, die Unterhaltspflicht des unehelichen Vaters aber nicht auf der Familienangehörigkeit beruhe. In dem Urteil vom 29. November 1894 führte das Kammergericht weiter aus, daß das Gesetz nur die Verletzung einer Unterhaltspflicht unter Strafe stelle, mit der eine besondere, dem unehelichen Vater nicht obliegende Ernährungspflicht verbunden sei. Diese Auffassung hat das Kammergericht in seinem neuen Urteil nicht beibehalten. Es ist zu hoffen und zu wünschen, schon im Interesse der Einheitlichkeit der deutschen Rechtsprechung in einem Falle von derart weittragender Bedeutung, daß das Kammergericht, das mit seiner Ansicht alleinsteht, auch den allein noch von ihm geltend gemachten Grund, den es aus der Entstehungsgeschichte des Gesetzes herleitet, verwerfe; haben doch die angeführten Urteile eingehend dargelegt, daß die Entstehungsgeschichte gerade für ihre Ansicht spreche. Sollte indes das Kammergericht weiter auf seiner Ansicht beharren, so ist die Frage wichtig genug, um durch Reichsgesetz im Wege der authentischen Interpretation zuungunsten der unehelichen Väter endgültig gelöst zu werden.

Dagegen bieten die im Strafgesetzbuche in § 361 Nr. 7, 5 und 10 enthaltenen Bestimmungen keinen hinreichenden Schutz gegen Arbeitsscheue, die für ihre Person unterstützt werden müssen, und gegen Ehemänner und Eltern, die ihre Unterhaltspflicht gegen ihre Ehefrauen und unerwachsenen, noch auf den Unterhalt durch das Familienhaupt angewiesenen Kinder vernachlässigen. § 361, 7 St.G.B. will den, der für seine Person Unterstützung empfängt und aus Arbeitsscheu sich weigert, die ihm als Äquivalent für die Unterstützung zugewiesene Arbeit zu verrichten, zu solcher Arbeit zwingen. Die Bestimmung versagt, weil sie nicht angewendet werden kann, wenn der Arbeitsscheue trotz fortdauernder Hilfsbedürftigkeit auf die Unterstützung verzichtet. Die Bestimmung ist überflüssig, weil die Armenbehörde ohne weiteres berechtigt ist, dem Hilfsbedürftigen, solange er Unterstützung beansprucht, sie durch Unterbringung in einer Armenarbeitsanstalt zu gewähren und ihm jede andere Art der Unterstützung zu verweigern. Die Ansicht des Landgerichts Breslau in der in der Zeitschrift für das Armenwesen 1904 Nr. 3 abgedruckten Entscheidung, § 361, 7 St.G.B. finde auch dann Anwendung, wenn nur die Personen, zu deren Unterhalt der Arbeitsscheue verpflichtet ist, unterstützt werden, und daher könne auch der uneheliche Vater nach § 361, 7 St.G.B. bestraft werden, muß als rechtsirrig bezeichnet werden. Ein Vergleich der Wortfassung dieser Bestimmung mit den §§ 361, 5 und 10 St.G.B. ergibt unzweideutig, daß bei § 361, 7 nicht die Unterstützung der Unterhaltsberechtigten, nicht einmal die der engeren Familie des Arbeitsscheuen genügt, sondern dieser für sich die öffentliche Armenpflege in Anspruch genommen haben muß. § 361 Nr. 7 kommt nur äußerst selten in der Praxis zur Anwendung. § 361, 5 St.G.B. erfordert nach der Rechtsprechung einen solchen Zustand moralischer oder physischer Verkommenheit, daß der Angeklagte unfähig ist, sich und die Seinigen zu unterhalten. Ein solcher Zustand bringt nicht selten Geistesgestörtheit mit sich, so daß der Angeklagte leicht wegen Unzurechnungsfähigkeit straffrei bleibt. Zudem ist ein dem Strafrichter genügender Nachweis des ursächlichen Zusammenhanges zwischen der Hilfsbedürftigkeit und der Trunksucht oder Arbeitsscheu oft nicht zu erbringen. Im einzelnen kann auf die eingehenden Darlegungen von Dr. Luppe (D. V. 85, S. 39—41) über den Sinn des § 361, 5 und seine Auslegung durch die Gerichte, sowie auf seine Kritik des reichsgerichtlichen Urteils (Rechtsprechung 1, 366) verwiesen werden. (Vgl. auch v. Hippel, Die strafrechtliche Bekämpfung von Bettel, Landstreicherei und Arbeitsscheu, Berlin 1895, S. 23—25, 257—258).

§ 361, 10 St.G.B. übt schon wegen der geringen Strafe, die er androht, keine abschreckende und bessernde Wirkung aus. Abgesehen davon hat er durch die gerichtliche Praxis eine Auslegung erfahren, die seine Bedeutung wesentlich beeinträchtigt. Meist wird die Erwerbsmöglichkeit nicht für ausreichend erklärt; verurteilt wird nur der, dem die zur Unterhaltsgewährung erforderlichen Barmittel zur Verfügung stehen, nicht aber auch der, der bei gehöriger Ausnutzung seiner Arbeitskraft diese Mittel zu erwerben imstande ist. Selbst in schwereren Fällen wird nur Geldstrafe verhängt und auf die an sich schon wenig abschreckende Höchststrafe von 6 Wochen Haft fast nie erkannt. Im einzelnen wird, um zwecklose Wiederholungen zu vermeiden, auf die eingehende Darlegung der Mängel des § 361, 10 St.G.B. und der Anwendung der Bestimmung durch die Gerichte in dem Jakstein schen Bericht (D.V. 36) verwiesen. (Vgl. auch Max Eckstein, Die strafbare Verletzung der Unterhaltspflicht — § 361, 10 R.St.G.B. — Heft 45 der strafrechtlichen Abhandlungen, Breslau 1903.) Zur Ergänzung des dort Vorgebrachten ist die Entscheidung des 2. Strafsenats des preußischen Kammergerichts vom 14. Januar 1908 (Charlottenburger Armenblätter Nr. 15 vom März 1908) zu erwähnen, wonach zum Erlasse der in § 361, 10 vorgesehenen Aufforderung an den Unterhaltspflichtigen, seiner Pflicht nachzukommen, sowohl die Polizeibehörde als auch die Armenbehörde berechtigt ist. Über die mit den genannten Strafbestimmungen gemachten praktischen Erfahrungen geben die unten aufgeführten statistischen Erhebungen hinreichenden Aufschluß, die von neuem bestätigen, daß § 361, 5 und 10 St.G.B. nur einen geringen praktischen Nutzen gebracht haben.

Gegenwärtig ist für den weitaus größten Teil Deutschlands die kriminelle Strafe noch das einzige Zwangsmittel, das in geeigneten Fällen gegen Arbeitsscheue und säumige Nährpflichtige angewendet werden kann.

Die frühere preußische Gesetzgebung, Art. 11—14 des Gesetzes vom 21. Mai 1855 (Anhang II), erteilte der Verwaltungsbehörde die ausdrückliche Ermächtigung, arbeitsfähige Obdachlose, Arbeitsscheue, die die öffentliche Armenpflege in Anspruch nehmen, und Personen, die pflichtwidrig ihre Ehefrauen oder Kinder unter 14 Jahren der Armenpflege anheimfallen lassen, auf Antrag der Armenverbände für die Dauer der Obdachlosigkeit oder Unterstützungsbedürftigkeit einer Arbeitsanstalt zu überweisen. Diese Bestimmungen wurden in das preußische Gesetz betreffend die Ausführung des Reichsgesetzes über den Unterstützungswohnsitz vom 8. März 1871 nicht wieder aufgenommen, vielmehr ist in § 74 Nr. I b ausdrücklich die Aufhebung des Gesetzes vom 21. Mai 1855 ausgesprochen.

In sechs deutschen Bundesstaaten ist der armenpolizeiliche Arbeitszwang eingeführt, d. h. die Befugnis, arbeitsscheue und nährpflichtige Personen ohne strafrichterliches Urteil im Verwaltungswege in einer Arbeitsanstalt zwangsweise unterzubringen.

2. Die landesrechtlichen Bestimmungen über den armenpolizeilichen Arbeitszwang.

(Vgl. die Zusammenstellung in Anhang III.)

I. Königreich Sachsen.

Das Gesetz (Armenordnung vom 22. Oktober 1840 § 27) besagt nur, daß der Zwang der arbeitsscheuen Armen zur Arbeit zum Berufe der Polizeibehörden gehöre, mit denen sich die Armenbehörden, wo sie von ersteren verschieden sind, zu vernehmen haben. Auf Grund dieser all=

gemeinen Bestimmung haben die ländlichen Armenverbände unter Leitung der Amtshauptmannschaften sogenannte Bezirksanstalten, und größere Städte eigene Arbeitsanstalten errichtet, in die nach den von der Staatsregierung genehmigten Regulativen Arbeitsscheue und säumige Nährpflichtige zwangsweise eingeliefert werden. Als rein vorbeugende Maßregel ist seit 1895 die Unterbringung nicht mehr zulässig, vielmehr setzt sie nach einer Verordnung des Ministeriums des Innern vom 11. Juni 1895 unter allen Umständen voraus, daß die **Person oder ihre von ihr zu alimentierenden Angehörigen** armenrechtlich hilfsbedürftig sind und Unterstützung in Anspruch nehmen. Die Einweisung, die nur eine **sofort vollstreckbare Verfügung der Polizeibehörde oder des Armenamts** zur Voraussetzung hat, erfolgt auf **unbestimmte Zeit**. Doch soll nach einer Ministerialverfügung mindestens von Jahr zu Jahr die Frage der Entlassung einer sorgfältigen Prüfung unterzogen werden. Auf Antrag des Häuslings darf die Entlassung dann nicht versagt werden, wenn er für sich und die Seinigen ein anderweites Unterkommen nachweist. Gegen die Einlieferungsverfügung und die Verweigerung der Entlassung steht ihm Beschwerde an die Aufsichtsbehörde zu.

Die Regulative der städtischen Arbeitsanstalten zu Leipzig, Dresden und Chemnitz, die auch die Gründe der Einlieferung im einzelnen aufführen, sind im Anhang III in ihren wesentlichen Bestimmungen abgedruckt. Obgleich das Leipziger Regulativ Verletzung der Unterhaltspflicht gegen einen „Angehörigen" voraussetzt, ist daselbst im Jahre 1907 in **einem** Falle gegen den Vater eines unehelichen Kindes der Arbeitszwang verhängt worden. In Dresden ist die Einlieferung unehelicher Väter in das Arbeitshaus in § 2 e des Regulativs ausdrücklich für zulässig erklärt, obgleich § 1 nur die Gewährung von Unterstützung an „Angehörige" des Einzuliefernden erwähnt (vgl. die gegenteilige Behauptung von Jakstein D.B. 40 S. 47). Darauf, daß in Leipzig die Zwangsinsassen bis zu 6 Monaten aus der Anstalt beurlaubt werden können, um ihnen Gelegenheit zu geben, zu beweisen, daß sie sich gebessert haben (§ 3 des Leipziger Regulativs), sei besonders hingewiesen.

Das Disziplinarmittel der Prügelstrafe in der Arbeitsanstalt zu Leipzig, das in der Nürnberger Versammlung scharf kritisiert wurde, ist nach amtlicher Mitteilung an den Berichterstatter seit Jahren nicht mehr angewendet worden.

II. Oldenburg.

Nach dem Gesetze betreffend die Zwangsarbeitsanstalt zu Vechta vom 14. März 1870 (vgl. Anhang III) können der Anstalt überwiesen werden Trunkenbolde, Personen, die Armenunterstützung mißbräuchlich verwenden, und Frauenzimmer, die zwei oder mehrere Male außerehelich geboren haben, zur Unterhaltung ihrer unehelichen Kinder Unterstützung erhalten und innerhalb 3 Jahren nach erfolgter Verwarnung wiederum unehelich schwanger geworden sind. Die Verweisung wird ausgesprochen vom Staatsministerium, Departement des Innern. Die Dauer des Aufenthalts beträgt bei der ersten Verweisung zwei Jahre, bei fernerer Verweisung drei Jahre. Der Fall der einfachen Nährpflichtverweigerung ist in dem Gesetze nicht mit aufgeführt. Nach einer Ministerialverfügung vom 25. April 1888 erachtet aber das Staatsministerium auch die zwangsweise Unterbringung solcher Eltern für zulässig, für deren Kinder ein Einschreiten der Armenbehörde erforderlich ist.

III. Württemberg.

Nach Art. 14 des Gesetzes vom 2. Juli 1889 (vgl. Anhang III) kann der Arbeitszwang gegen jeden verhängt werden, der **für sich selbst oder in der Person seiner Ehefrau oder seiner noch nicht 14 Jahre alten Kinder öffentlich unterstützt wird**. Nicht erforderlich ist, daß er selbst die Unterstützung in Anspruch genommen hat.

Das Gesetz knüpft die Verpflichtung zur Arbeitsleistung allein an die Tatsache des Empfanges von Armenunterstützung für die eigene Person oder für nicht arbeitsfähige Familienmitglieder. Die Maßregel tritt nicht als die Folge eines Verschuldens, sondern lediglich als **Korrelat des Genusses öffentlicher Unterstützung** ein. Aber nicht in allen Fällen, sondern nur auf jedesmaligen Beschluß der Armenbehörde, der mit Gründen zu versehen ist. Bei der Entscheidung, so heißt es in den Motiven zu Art. 14, wird „die Armenbehörde neben der Rücksicht auf tunlichste Schonung der wirtschaftlichen Existenz und des berechtigten Selbstgefühls der in Frage kommenden Individuen wesentlich den Gesichtspunkt ins Auge zu fassen haben, ob die Maßregel zur Hintanhaltung ungerechtfertigter Inanspruchnahme des Armenverbands notwendig und geeignet ist".

Gegen die Entscheidung ist eine zweifache Beschwerdeinstanz zugelassen. Doch hat die Beschwerde keine aufschiebende Wirkung, damit nicht durch Wechsel des Aufenthalts in der Zeit bis zur Entscheidung über die Beschwerde die Vollziehung der Arbeitsauflage vereitelt wird; der Beschwerdeinstanz steht es zu, die Vollstreckung zu sistieren.

Die Arbeitsverpflichtung dauert so lange fort, als die Tatsache des Genusses öffentlicher Unterstützung bestehen bleibt. Ein formeller Verzicht ohne Beendigung der Hilfsbedürftigkeit ändert hieran nichts. Mit der Einstellung der Unterstützung tritt der Beschluß von selbst außer Wirksamkeit. Außerdem kann die Armenbehörde von Amts wegen oder auf Antrag die Verhängung des Arbeitszwangs aufheben, wenn die fernere Aufrechterhaltung unzweckmäßig erscheint. In bestimmten Zwischenräumen, mindestens aber einmal jährlich, ist von Amts wegen zu prüfen, ob die Fortdauer des Arbeitszwangs noch notwendig ist.

IV. Mecklenburg-Schwerin.

Durch die Landesverordnung vom 18. Mai 1890 (vgl. Anhang III) ist den Ortsarmenverbänden gestattet worden, Personen, die das **18. Lebensjahr vollendet haben und für die, sei es für sie selbst oder für ihre Angehörigen, öffentliche Armenunterstützung gewährt werden muß**, zwangsweise im Arbeitshause unterzubringen.

Vor Stellung des Antrags auf Aufnahme ist der Einzuliefernde aufzufordern, binnen einer bestimmten, angemessenen Frist die ihm obliegenden Verpflichtungen zu erfüllen. Über den vom Ortsarmenverband zu stellenden Antrag beschließt die **dirigierende Kommission**. Die Beschwerde gegen den Bescheid der Kommission geht an das Ministerium. Die Unterbringung findet auf **unbestimmte Zeit** statt und kann so lange dauern, wie Unterstützung in Anspruch genommen wird. Vor dem Ablaufe des ersten Jahres kann die Entlassung von dem Nachweise der Beseitigung der Hilfsbedürftigkeit im Falle der Entlassung abhängig gemacht werden.

V. Anhalt.

Nach Art. 1 des Gesetzes vom 27. April 1904 (vgl. Anhang III), der sich an Art. 14 des württembergischen Gesetzes vom 2. Juli 1889 anlehnt, ist die Verhängung des Arbeitszwangs gegen den zulässig, der **für sich selbst oder in der Person seiner Ehefrau oder seiner noch nicht 14 Jahre alten Kinder** öffentliche Unterstützung empfängt. Gegen die mit Gründen zu versehende Verfügung des Vorstands des Armenverbands, durch welche die Verpflichtung zur Arbeit angeordnet wird, findet Beschwerde ohne aufschiebende Wirkung statt. Die Einweisung in die Anstalt erfolgt auf **unbestimmte Zeit**. Mit Beendigung der Hilfsbedürftigkeit muß die Entlassung erfolgen. Eine Arbeitszwangsanstalt ist bisher nur in der Stadt Dessau errichtet. Nach ihrem Statut erfolgt die Unterbringung durch eine Entscheidung des Magistrats nach Anhörung der Armendeputation, und hat der Beschlußfassung der Armendeputation eine **mündliche Verhandlung** voranzugehen. Eine **zweimalige Verwarnung** des Unterhaltspflichtigen vor Einleitung des Verfahrens ist erforderlich. Falls der Eingewiesene nachweist, daß er durch Vereinbarung mit seinem Arbeitgeber mindestens die Hälfte des Arbeitsverdienstes der Armenverwaltung zur Auszahlung an seine Familie überwiesen hat, muß die Entlassung erfolgen.

VI. Hamburg.

Nach § 21 in Verbindung mit § 12 Abs. 1 des neuen Armengesetzes (vgl. Anhang III) setzt die Anwendung des Arbeitszwangs gegen eine Person voraus, daß
 a) sie selbst oder in der Person ihrer Angehörigen **dauernd öffentlich unterstützt** wird,
 b) die Anwendung des Arbeitszwangs zur Beseitigung oder Verminderung der Hilfsbedürftigkeit erforderlich ist.

Zulässig ist der Arbeitszwang gegen Personen, die das 16. Lebensjahr vollendet haben (Armenmündigkeit!). Ist Volljährigkeit sonach nicht Erfordernis, so wird doch gegen Minderjährige statt des Arbeitszwanges in der Regel die Zwangserziehung in die Wege geleitet werden, die nach hamburgischem Rechte bis zur Erreichung der Volljährigkeit angeordnet werden kann. Wer nicht für sich selbst hilfsbedürftig ist, kann als **Familienhaupt** dann für arbeitspflichtig erklärt werden, wenn **seine Ehefrau oder seine ehelichen oder diesen gleichstehende**

Kinder unter 16 Jahren unterstützt werden. Unanwendbar ist die Bestimmung also auf den Vater eines unehelichen Kindes, unanwendbar auf den geschiedenen Ehemann, wenn nur seine geschiedene Ehefrau für ihre Person Unterstützung empfängt, unanwendbar auf die Mutter von unterstützten Kindern, die mit dem Vater der Kinder verheiratet ist oder gewesen ist, solange der Vater noch lebt, selbst wenn ihr das Erziehungsrecht über ihre Kinder zusteht. Die Grundsätze des Reichsgesetzes über den Unterstützungswohnsitz, wonach die getrennt lebende und die geschiedene Ehefrau unter Umständen ihren Kindern gegenüber als Familienhaupt im armenrechtlichen Sinne anzusehen ist, sind absichtlich nicht für anwendbar erklärt, weil sonst in vielen Fällen der Arbeitszwang gegen den nährpflichtsäumigen Ehemann und Vater nicht verhängt werden könnte. Frauen gelten als in der Person ihrer Kinder unter 16 Jahren unterstützt nur dann, wenn sie Witwen sind oder es sich um uneheliche Kinder handelt. Die Hilfsbedürftigkeit muß eine dauernde sein, d. h. ein bestimmter, naher Zeitpunkt für das Aufhören der Hilfsbedürftigkeit darf sich nicht absehen lassen. Die Unterstützung kann in offener oder geschlossener Pflege erfolgen. Bei öffentlicher Fürsorge in Spezialheil- und -pflegeanstalten, z. B. Krüppelheimen, bei Krankenpflege von Angehörigen, bei Aufnahme von Kindern in Krippen und Warteschulen wird wegen Gefährdung wichtiger Interessen der Angehörigen der Arbeitszwang nie angewandt.

Die zweite Voraussetzung ist, daß die Anwendung des Arbeitszwanges zur Beseitigung oder Verminderung der Hilfsbedürftigkeit erforderlich ist. Es darf hiernach von dem Arbeitszwange erst Gebrauch gemacht werden, wenn alle übrigen Mittel, wie die zivilrechtliche Heranziehung des Unterhaltspflichtigen, Verweisung an die Arbeitsnachweise, Androhung des Arbeitszwanges mit der Aufforderung, die Fürsorge für die Familie zu übernehmen, usw. erschöpft sind, oder wenn Anwendung offenbar nutzlos sein würde. Die zweite Voraussetzung ist gegeben, wenn „für den Staat der Arbeitszwang sich als angemessene Verwertung der Arbeitskraft des Unterstützten darstellt" (Bericht des bürgerschaftlichen Ausschusses). Außer dieser Einschränkung ist lediglich die Tatsache der Hilfsbedürftigkeit entscheidend und von der Festlegung bestimmter Tatbestände eines schuldhaften Verhaltens abgesehen worden, um jeden Anklang an Schuld und Strafe zu vermeiden. Weder der für seine eigene Person unterstützte Müßiggänger und Trunkenbold, noch der säumige Nährpflichtige kann durch formellen Verzicht auf Unterstützung den Arbeitszwang abwenden, sofern die Hilfsbedürftigkeit tatsächlich fortbesteht. Nicht anwendbar ist der Arbeitszwang bei völliger Arbeitsunfähigkeit, mag sie auch durch Trunkenheit, geschlechtliche Ausschweifungen usw. verschuldet sein.

Liegen die angeführten beiden Voraussetzungen vor, so kann auf Antrag des Ortsarmenverbandes durch Beschluß der Kommission für das Armenarbeitswesen der Arbeitszwang angewendet werden. Die Kommission besteht aus einem Senatsmitgliede des Armenkollegiums, das den Vorsitz führt, zwei Mitgliedern des Armenkollegiums und zwei Bezirksvorstehern oder Armenpflegern. Mindestens einer der Beisitzer muß die Fähigkeit zum Richteramt haben. Die Kommission entscheidet auf Grund mündlicher Verhandlung. Der Unterstützte wird durch die Entscheidung nicht bloß zur Arbeit angehalten, sondern verpflichtet, seine Arbeitskraft dem Staate zur Verfügung zu stellen. Nicht um bloßes Anhalten zur Arbeit, um Verschaffung von Arbeit handelt es sich, sondern der Kommission ist die Aufgabe gestellt, die Pflicht, für den Staat zu arbeiten, festzusetzen. In den meisten Fällen stehen ja auch die Personen, gegen die das Verfahren sich richtet, in guter Arbeit, sie geben nur von ihrem Verdienst ihrer Familie nichts ab. Aus praktischen Gründen bestimmt die Kommission in allen Fällen, daß der Arbeitspflicht in der Armenarbeitsanstalt zu genügen ist. Der Beschluß der Kommission lautet daher durchweg dahin, daß der Unterstützte für arbeitspflichtig erklärt und ihm auferlegt wird, sich innerhalb einer bestimmten kurzen Frist von einem bis drei Tagen zur Aufnahme in der Armenarbeitsanstalt zu melden. Kommt er dieser Auflage nicht nach, so wird er zwangsweise dort untergebracht. Erklärt der Unterstützte in der Verhandlung, einen ausreichenden Teilbetrag seines Lohnes an den Armenverband oder seine Familie abführen zu wollen, so kann die Verhandlung vertagt werden, um ihm nochmals Gelegenheit zu geben, seiner Unterhaltspflicht nachzukommen. Ist nach dem Akteninhalt die Erfüllung des Versprechens, das lediglich unter dem Drucke des unmittelbar drohenden Arbeitszwanges abgegeben wird, unwahrscheinlich, so wird zwar die Arbeitspflicht durch die Kommission ausgesprochen, der Zeitpunkt der Vollstreckung aber dem unterstützenden Armenverbande überlassen, der davon Abstand nimmt, wenn der Arbeitspflichtige die versprochenen Zahlungen leistet.

Der Gang des Verfahrens vor der Kommission, in welchem der Ortsarmenverband eine Stellung einnimmt, die der der Staatsanwaltschaft im Strafverfahren entspricht, ergibt sich aus der in Anhang III abgedruckten Geschäftsordnung.

Die Unterbringung erfolgt auf unbestimmte Zeit. Doch muß sie nach Ablauf eines Jahres für mindestens sechs Monate von Amts wegen unterbrochen werden, um dem Unterstützten den Nachweis zu ermöglichen, daß er seinen Pflichten nunmehr nachkommen wolle. Über den an die Kommission gerichteten Antrag des Untergebrachten auf Entlassung hat die Kommission auf Grund mündlicher Verhandlung zu entscheiden, wenn seit der Fassung des Beschlusses mindestens drei Monate verflossen sind. Die Vollstreckung erfolgt, soweit die Kommission nicht selbst darin eingreift, durch den Armenverband, dem die Arbeitsanstalt in festen Terminen über die Führung und Leistungen des Untergebrachten berichtet. Die Beseitigung der Hilfsbedürftigkeit hat stets die sofortige Aufhebung der Vollstreckung zur Folge. Die Arbeitsanstalt hat den nach Deckung der Unterbringungskosten verbleibenden Restbetrag des Arbeitsverdienstes an den Armenverband abzuführen.

Die Entscheidung der Kommission, die mit Gründen zu versehen ist, ist sowohl durch Beschwerde an den Senat, als auch im Wege der Klage vor den ordentlichen Gerichten anfechtbar. Durch Einlegung der Rechts=

mittel wird die Vollstreckung nicht gehemmt, doch kann nach Erhebung der Klage das Gericht den Aufschub oder die Unterbrechung der Vollstreckung anordnen. Der Zulässigkeit der gerichtlichen Klage liegt die Vorschrift des Art. 89 der hamburgischen Verfassung zugrunde, wonach die Verwaltungsbehörden von jedem, der sich durch ihre amtlichen Handlungen in seinen Privatrechten — hierzu gehört nach der Rechtsprechung auch die persönliche Freiheit — verletzt glaubt, gerichtlich belangt werden können.

3. Statistische Erhebungen.

Aus dem Berichte von Dr. Hirschberg über die vom Deutschen Verein für Armenpflege und Wohltätigkeit für die Zeit vom 1. Juli 1896 bis 1. Juli 1897 erhobene Statistik (D.V. 36, S. 3—46) seien hier einige Hauptzahlen wiedergegeben. Die Erhebung beschränkte sich auf männliche Personen, die gegenüber Frau und Kindern ihre Nährpflicht versäumten. Die Fragebogen wurden an sämtliche 169 Städte mit mehr als 20000 Einwohnern versendet, von denen sich 113 an der Erhebung beteiligten. In den 113 Städten mit 7837000 Einwohnern sind im Laufe des Erhebungsjahres 6632 Unterstützungsfälle infolge von Versäumung der Nährpflicht vorgekommen, und 19765 Frauen und Kinder, das ist 25 auf 10000 Einwohner, wurden hiervon betroffen. In 20 Großstädten betrug der Anteil der pflichtvergessenen Männer unter 10000 Verheirateten durchschnittlich 64. Nur in 53 Prozent aller Fälle wurden die pflichtvergessenen Männer zur Übernahme der Nährpflicht aufgefordert. Nur in 34% dieser Fälle, also nur bei 18% aller Fälle der Nährpflichtversäumnis, hatte die Aufforderung Erfolg. Von den 6632 pflichtvergessenen Männern wurden aus § 361 Nr. 3, 4, 5, 7, 8, 10 St.G.B. 678, also 10%, bestraft, und zwar 140 aus Nr. 5, hierunter 65 mit Korrektionsnachhaft, und 402 aus Nr. 10. Infolge der Bestrafungen nahmen nur 157 die Alimentation ihrer Angehörigen wieder auf; von 100 Bestrafungen führten also 23 zur Übernahme der Unterhaltspflicht. In 5700 Fällen, also in 86% aller Fälle, wurde die Strafverfolgung von vornherein unterlassen, und zwar in 2152 Fällen = 33% wegen unbekannten Aufenthalts des Säumigen. Außer der Zusammenfassung der wesentlichsten Ergebnisse der Erhebung im Text hat Dr. Hirschberg in sechs umfassenden Tabellen ihre Einzelheiten näher dargelegt.

Schon aus Mangel an Zeit mußte davon abgesehen werden, in derart umfassender Weise, wie es in den Jahren 1896/97 geschehen ist, von neuem Erhebungen anzustellen. Die sehr wünschenswerte Ergänzung der früheren Statistik durch Ermittelung der Zahl der alleinstehenden Arbeitsscheuen und Trunkenbolde, denen zu ihrem eigenen Unterhalte Unterstützung gewährt wird, mußte unterbleiben, weil es an den erforderlichen Unterlagen fehlte. Dagegen ist der Versuch gemacht worden, Nachrichten darüber zu sammeln, wie sich gegenwärtig die Ziffern für die säumigen Nährpflichtigen stellen, und in welchem Umfange und mit welchem Erfolge im Wege des Strafverfahrens und des armenpolizeilichen Arbeitszwanges, soweit dieser durch Landesgesetz eingeführt ist, mit Zwangsmaßregeln gegen sie vorgegangen wird.

Zwei Fragebogen sind versendet worden, der Fragebogen B an folgende 13 Städte mit armenpolizeilichem Arbeitszwang: Dresden, Leipzig, Chemnitz, Plauen, Oldenburg, Stuttgart, Ulm, Heilbronn, Ludwigsburg, Rostock, Schwerin, Dessau, Hamburg, und der Fragebogen A an die noch nicht aufgeführten Städte mit über 100 000 Einwohnern.

Im Fragebogen A folgen der Zahl der Einwohner nach der Volkszählung vom 1. Dezember 1905 und der Zahl der fortlaufend bar unterstützten Armenparteien im Kalenderjahre 1908 oder Etatsjahre 1907/08 (sog. Armenziffer) unter Nr. 3—5 folgende Hauptfragen:

3. Zahl der Parteien, die gegenwärtig wegen Versäumung der Nährpflicht des männlichen Familienhauptes gegenüber seiner Ehefrau oder seinen ehelichen Kindern unter 14 Jahren in offener Pflege oder geschlossener Pflege (insbesondere Waisenpflege) unterstützt werden.
Angabe des Monats, auf den sich die Zahl bezieht: Wenn möglich, ist März 1909 zugrunde zu legen.
4. Unterstützte Angehörige in den Fällen zu 3 nach Parteien gezählt:
a) Ehefrau und Kinder,
b) nur die Ehefrau,
c) nur Kinder.
5. Zahl der Fälle zu 3, in denen
a) der Mann mit seiner Frau zusammenlebt,
b) der Mann von seiner Frau getrennt lebt,
c) die Ehe geschieden ist,
d) der Ehemann verwitwet ist.

Es folgen unter 6 und 7 die Fragen nach der Zahl der Fälle, in denen im letzten Kalender- oder Etatsjahre das Familienhaupt unter Androhung der Strafverfolgung aus § 361, 10 St.G.B. zum Unterhalte seiner Familie aufgefordert worden ist, und nach dem Erfolge der Aufforderung, und schließlich in 8—10 die Fragen nach der Zahl der Bestrafungen aus § 361 Nr. 5 und 10 St.G.B. im Kalenderjahre 1908 oder Etatsjahre 1907/08, nach der Höhe der Strafen, der wiederholten Bestrafung und dem Erfolge des Strafverfahrens.

Der Fragebogen B stimmt in den Fragen 1—9 mit dem Bogen A überein, doch ist in Frage 6 berücksichtigt, daß die Aufforderung hier unter Androhung des Arbeitszwanges zu geschehen pflegt. Es folgen sieben weitere Fragen über den Umfang, in dem der Arbeitszwang in den letzten drei Jahren angeordnet und vollstreckt worden ist, über die Dauer des Arbeitszwanges und den Erfolg, der mit der Maßregel erzielt worden ist.

In den mitübersandten Erläuterungen zu den Fragen heißt es:

Zu 3 ff. Es sollen nur die Fälle der Nährpflichtversäumnis des Mannes gezählt werden, und zwar nur gegenüber seiner Ehefrau und seinen ehelichen Kindern unter 14 Jahren, mag die Vernachlässigung der Familie in Arbeitsscheu, Trunksucht und Müßiggang ihren Grund haben oder darin, daß das Familienhaupt zwar in Arbeit steht und genügend verdient, seinen Verdienst aber nicht oder in ungenügendem Umfange seinen Angehörigen zuwendet. Es kommen also die Fälle der Unterstützung unehelicher Kinder und Stiefkinder nicht in Betracht. Ebensowenig bei Scheidung der Ehe die Unterstützung der geschiedenen Frau, wohl aber die Fälle der Unterstützung von Kindern aus geschiedenen Ehen, mögen sie sich auch bei der Mutter aufhalten. Unberücksichtigt bleiben auch die Fälle der Unterstützung von Verwandten aufsteigender Linie.

Die Hauptfälle, die unter 3 fallen, sind die, in denen der Vater für seine Kinder sorgen könnte, aber als Witwer oder getrennt lebender oder geschiedener Ehemann sich nicht um ihren Unterhalt kümmert.

Es fallen unter 3 ff. auch die Fälle, in denen der Mann mit seiner Familie zusammenlebt, aber wegen Trunksucht, Arbeitsscheu, Liederlichkeit dauernd nicht für sie sorgt, so daß sie unterstützt werden muß. Die Zahl solcher Fälle, in denen alsdann Unterstützung in offener Pflege gewährt wird, ist nicht groß, so daß sie bei Schwierigkeit der Feststellung unbedenklich wegfallen kann. Dagegen sind die Fälle von Unterstützung zusammenwohnender Eheleute von Bedeutung, in denen die Kinder in Waisenpflege untergebracht sind, weil dem Vater das Recht der Sorge für die Person der Kinder entzogen ist.

Leben die Ehegatten getrennt, so ist entscheidend, daß sich der Mann von seiner Frau in der Absicht der Aufgabe des Haushalts fernhält. Nicht hierher gehört z. B. die Trennung von der Frau, um ein Krankenhaus aufzusuchen oder eine Freiheitsstrafe zu verbüßen. Dagegen fallen unter 3 die Fälle, in denen die Frau ihren Mann wegen Mißhandlung, Nichtgewährung von Unterhalt und dergleichen verlassen hat.

Zu 7 u. 9. Als erfolgreich ist die Aufforderung und Bestrafung nur dann anzusehen, wenn infolge derselben das Familienhaupt die Fürsorge für seine Familie ganz übernommen hat, oder doch zum Unterhalte seiner Familie an diese oder die Armenkasse seinen Verhältnissen entsprechende Beiträge zahlt, und zwar nicht nur vereinzelt, sondern regelmäßig.

Von den insgesamt 50 Städten haben 4 bis zur Fertigstellung des Berichts nicht geantwortet und 8 weitere Städte mangels statistischer Unterlagen die Fragen nicht beantworten können. Soweit die übrigen 38 Städte die Fragebogen ausgefüllt haben, sind sie bearbeitet worden. Die Einzelergebnisse sind in den folgenden fünf Tabellen zusammengestellt.

In den in Tabelle I aufgeführten 33 Städten mit 6 488 786 Einwohnern sind im März 1909 5933 Parteien wegen Versäumnis der Nährpflicht seitens des männlichen Familienhauptes unterstützt worden; auf 10 000 Einwohner kommen 9,14 Fälle der Nährpflichtversäumnis. In den einzelnen Städten ist die Zahl im Verhältnisse zur Einwohnerzahl außerordentlich verschieden. Von den 33 Städten — Berlin fehlt leider — hat Hamburg die höchste absolute Zahl mit 1525 Fällen, es folgt Dresden mit 616, Frankfurt a. M. mit 392, Essen mit 312 und Bremen mit 309 Fällen. Im Verhältnisse zur Einwohnerzahl zeigt Hamburg gleichfalls die höchste Ziffer mit 19,00 Fällen auf 10 000 Einwohner, ihm am nächsten steht Dessau mit 15,96 Fällen, dann folgen Bremen mit 14,38, Essen mit 13,49, Erfurt mit 12,65, Dresden und Kiel mit je 11,91 und Frankfurt a. M. mit 11,73 Fällen. Die niedrigste Ziffer weisen auf Ludwigsburg mit 1,30, Schwerin mit 2,40, Rostock mit 2,47 und von den Großstädten Bochum mit 2,19, Straßburg mit 2,27 und Karlsruhe mit 2,97 Fällen auf 10 000 Einwohner. Nach dem Münsterbergschen Bericht aus dem Jahre 1906 (D.V. 76, S. 15, 16) wurden in Berlin allein in der offenen

I. Die Fälle von Versäumnis der Nährpflicht.

Lfd. Nr.	Städte	Einwohnerzahl 1. Dez. 1905	Armenziffer 1908 oder im Etatsjahre 1907/08	Fälle im März 1909 überhaupt (* nur bei Barunterstützung)	auf 10000 Einwohner	auf 100 unterstützte Parteien
1	Hamburg	802 793	8898	1525	19,00	17,14
2	Dresden	516 996	4147	616	11,91	14,87
3	Leipzig	503 672	3457	*252	5,00	7,29
4	Cöln	428 722	2406	247	5,76	10,27
5	Frankfurt a. M.	334 978	2707	392	11,73	14,48
6	Düsseldorf	253 274	2316	137	5,41	5,92
7	Hannover	250 024	1223	79	3,16	6,46
8	Essen	231 360	1311	312	13,49	23,80
9	Königsberg	223 770	3809	200	8,89	5,25
10	Bremen	214 861	1673	309	14,38	18,47
11	Dortmund	175 577	774	140	7,97	18,09
12	Halle	169 916	1748	193	11,36	11,04
13	Altona	168 320	1096	143	8,50	13,05
14	Straßburg	167 678	1478	38	2,27	2,57
15	Kiel	163 772	1801	195	11,91	10,83
16	Elberfeld	162 853	671	105	6,45	15,65
17	Danzig	159 648	3081	*86	5,39	2,79
18	Barmen	156 080	750	71	4,55	9,47
19	Gelsenkirchen	147 005	ca. 600	ca. 44	ca. 3,00	ca. 7,33
20	Aachen	144 095	1081	*42	2,91	3,89
21	Posen	136 808	1974	*122	8,92	6,23
22	Cassel	120 467	ca. 850	114	9,46	ca. 13,41
23	Bochum	118 464	545	26	2,19	4,77
24	Karlsruhe	111 249	(1.4.08) 498	33	2,97	6,63
25	Crefeld	110 344	1041	92	8,34	8,84
26	Plauen	105 381	694	102	9,68	14,70
27	Erfurt	98 849	1141	125	12,65	10,96
28	Mainz	91 179	406	60	6,58	14,78
29	Rostock	60 793	209	15	2,47	7,18
30	Dessau	55 134	681	88	15,96	12,92
31	Schwerin i. M.	41 628	625	10	2,40	1,60
32	Heilbronn	40 004	204	17	4,25	8,33
33	Ludwigsburg	23 092	110	3	1,30	2,73
33	Zusammen	6 488 786		5933	9,14	

Armenpflege nahezu 3000 eheverlassene Frauen mit einem Kostenaufwande von 6—700 000 Mark unterstützt. Die Verhältnisse in den einzelnen Städten sind so verschieden, daß sich aus den Zahlen der Städte, in denen der Arbeitszwang eingeführt ist, im Verhältnisse zu den anderen Städten ein Urteil über die Zweckmäßigkeit dieser Maßregel nicht fällen läßt. Dabei ist auch zu berücksichtigen, daß in jenen Städten eine zuverlässigere Statistik über die Zahl der Fälle von Nährpflichtversäumnis geführt zu werden pflegt. Die Angaben über die Zahl der fortlaufend bar unterstützten

Parteien sind in Ermangelung einer gleichartigen allgemeinen Armenstatistik unvergleichbar.

Die gewonnenen Zahlen sind nicht ganz zu vergleichen mit denen der Statistik von 1896/97, weil die damalige Statistik die Fälle eines vollen Jahres umfaßte, während jetzt nur in einem Monat gezählt worden ist, die in den übrigen elf Monaten neu hinzukommenden Fälle also fehlen. Trotzdem ist die gegenwärtige Zahl höher, indem auf 10 000 Einwohner jetzt 9,14 Fälle von Nährpflichtversäumnis kommen gegen 8,46 im Jahre 1896/97. Die Zahl der Fälle ist also noch im Steigen begriffen.

Der derzeit angestellte, sehr interessante Vergleich der pflichtvergessenen Männer mit den verheirateten Männern (S. 9 des Hirschbergschen Berichts) ließ sich leider nicht wiederholen, weil seitens der Reichsstatistik seit 1900 keine Feststellungen über den Familienstand der Bevölkerung getroffen sind, und die statistischen Ämter der Großstädte ebenfalls eine Gliederung nach dem Familienstande nicht überall vorgenommen haben.

Soweit in der früheren Statistik die Städte der Tabelle I aufgeführt sind, ergeben sich folgende Vergleichszahlen:

Städte	Pflichtvergessene Männer	
	1. Juli 1896 bis 1. Juli 1897	März 1909 (* nur Barunterstützung)
Hamburg	1521	1525
Dresden	499	616
Leipzig	464	*252
Cöln	225	247
Düsseldorf	53	137
Hannover	47	79
Königsberg	154	200
Bremen	261	309
Dortmund	56	140
Halle	97	193
Altona	52	143
Elberfeld	141	105
Danzig	96	*86
Barmen	99	71
Aachen	56	*42
Crefeld	97	92

Die meisten Städte weisen demnach wesentlich höhere Ziffern auf. Ist auch die Vermehrung der Bevölkerung in Betracht zu ziehen, so ist anderseits doch nochmals zu betonen, daß sich die frühere Statistik auf den Zeitraum eines ganzen Jahres erstreckte.

Eine weitere Gliederung der in Tabelle I aufgeführten Fälle der Versäumnis der Nährpflicht enthält für 30 Städte — bei den übrigen 3 fehlen die Antworten in dem Fragebogen — Tabelle II.

II. Die Fälle der Nährpflichtversäumnis betreffen, nach Parteien gezählt:

Lfd. Nr.	Stadt	Ehefrau und Kinder Zahl	Ehefrau und Kinder auf 100 Versäumnisfälle	nur die Ehefrau Zahl	nur die Ehefrau auf 100 Fälle	nur die Kinder Zahl	nur die Kinder auf 100 Fälle	geschiedene Ehen Zahl	geschiedene Ehen auf 100 Fälle	verm. Ehemänner Zahl	verm. Ehemänner auf 100 Fälle
1	Hamburg	754	49,44	327	21,44	444	29,12	230	15,08	144	9,44
2	Dresden	378	61,36	12	1,95	226	36,69	56	9,09	98	15,92
3	Leipzig	234	92,86	18	7,14	?	?	9	3,57	?	—
4	Cöln	110	44,53	53	21,45	84	34,02	—	—	—	—
5	Frankfurt a. M.	227	57,91	69	17,60	96	24,49	55	14,03	53	13,52
6	Düsseldorf	97	70,80	28	20,44	12	8,76	20	14,60	14	10,22
7	Hannover	64	81,01	11	13,93	4	5,06	2	2,53	4	5,06
8	Essen	209	66,99	24	7,69	79	25,32	32	10,26	35	11,22
9	Königsberg	133	66,50	52	26,00	15	7,05	?	—	?	—
10	Bremen	210	67,96	18	5,82	81	26,22	12	3,88	42	13,59
11	Altona	85	59,44	23	16,08	35	24,48	24	16,80	14	9,79
12	Straßburg	24	63,16	2	5,26	12	31,58	?	—	9	23,68
13	Kiel	ca. 143	73,33	ca. 16	8,21	31	15,89	?	—	?	—
14	Elberfeld	60	57,14	8	7,62	37	35,24	6	5,71	18	17,14
15	Danzig	59	68,60	16	18,61	11	12,79	6	6,98	?	—
16	Barmen	49	69,01	22	30,99	?	—	13	18,31	?	—
17	Aachen	38	90,48	1	2,38	?	—	8	19,05	3	7,14
18	Posen	118	96,73	4	3,27	ca. 3	7,14	?	—	?	—
19	Cassel	50	43,86	18	15,79	46	40,35	10	8,77	14	12,28
20	Bochum	16	61,54	2	7,69	8	30,77	1	3,85	1	3,85
21	Karlsruhe	22	66,67	—	—	11	33,33	?	—	7	21,21
22	Crefeld	45	48,91	18	19,57	29	31,52	4	4,35	8	8,70
23	Plauen	48	47,06	4	3,92	50	49,02	10	9,80	17	16,67
24	Erfurt	64	51,20	18	14,40	43	34,40	16	12,80	12	9,60
25	Mainz	20	33,33	4	6,67	36	60,00	5	8,33	17	28,33
26	Rostock	11	73,34	2	13,33	2	13,33	2	13,33	2	13,33
27	Dessau	41	46,59	8	9,09	39	44,32	11	12,50	18	20,45
28	Schwerin	7	70,00	2	20,00	1	10,00	2	20,00	1	10,00
29	Heilbronn	6	35,29	—	—	11	64,71	1	5,88	9	52,94
30	Ludwigsburg	—	—	—	—	3	100,00	—	—	—	—

Die durch die Versäumnis betroffenen Kinder konnten nur nach Parteien, nicht, wie 1896/97, nach Köpfen gezählt werden, weil dies zu viel Zeit und Mühe gekostet haben würde. Die Tabelle II beweist einmal, daß in den weitaus meisten Fällen Kinder in Mitleidenschaft gezogen sind. Bei der früheren Statistik weisen von allen Versäumnisfällen 18,3 % nur unterstützungsbedürftige Frauen auf. Wenn in Hamburg in 21,44 % der Fälle der Nährpflichtversäumnis nur die Ehefrau Unterstützung empfängt, so handelt es sich in der Mehrzahl um Fälle, in denen die Eheleute schon lange Jahre getrennt leben, und die Frau wegen vorgerückten Alters erwerbsunfähig geworden ist; hier würden Zwangsmaßregeln gegen den Ehemann nicht mehr angebracht erscheinen. Weiter zeigt die Tabelle II, daß der Anteil der verwitweten und geschiedenen Ehemänner verhältnismäßig gering ist; in den weitaus meisten, nicht aufgeführten Fällen leben die Eltern getrennt. Weil die Angaben der Fragebogen lückenhaft sind, ließ sich der Durchschnitt sämtlicher Fälle nicht berechnen. Im Jahre 1896/97 wiesen von 100 Versäumnisfällen 8 geschiedene Frauen auf.

Was die Maßnahmen anlangt, die gegen die pflichtvergessenen Männer ergriffen wurden, so haben 26 Städte Nr. 6 des Fragebogens ausgefüllt, dabei aber zum Teil bemerkt, daß die Angaben auf absolute Zuverlässigkeit keinen Anspruch machen können. Die Antworten sind in Tabelle III zusammengestellt. Hiernach war bei den Großstädten die Aufforderung am häufigsten erfolgreich in Stuttgart (78,67 %), am seltensten in Erfurt (3,57 %) und Hamburg (14,44 %). Schon hieraus läßt sich ersehen, daß sich aus dem Vergleiche der nackten Zahlen der erfolgreichen Aufforderungen in den Städten mit und ohne Arbeitszwang kein Schluß auf die Wirkung der Einführung des Arbeitszwanges — er besteht in Stuttgart wie in Hamburg — ziehen läßt. Es spielen hierbei zu viele andere Umstände mit, insbesondere auch die wirtschaftlichen Verhältnisse, die im letzten Jahre recht ungünstig waren. Vor allem aber ist die Art der Zählung der Fälle in den einzelnen Städten naturgemäß äußerst verschieden. Bei der Statistik 1896/97 sind z. B. in Hamburg bei 1521 Fällen von Nährpflichtversäumnis 795 Aufforderungen und davon 241 als erfolgreich gezählt worden, während jetzt bei 1525 Fällen nur 615 Aufforderungen, davon nur 94 mit Erfolg, festgestellt worden sind. Die weit ungünstigeren Zahlen des Jahres 1908 finden hauptsächlich darin ihre Erklärung, daß seit Einführung des Arbeitszwanges in Hamburg weit vorsichtiger als früher gezählt wird, einmal Doppelzählungen vermieden werden und sodann als erfolgreich nur noch die Aufforderungen bezeichnet werden, in denen unmittelbar nachgewiesen worden ist, daß die Androhung nicht nur vorübergehend, sondern dauernd von Nutzen gewesen ist. Von den 94 Erfolgfällen in Hamburg konnte in 20 wegen vollständiger Übernahme der Fürsorge die dauernde Unterstützung, die sich zwischen 10 und 36 Mk. monatlich belief, eingestellt werden, während in den übrigen Fällen das Familienhaupt regelmäßig Beiträge leistet.

III. Tabelle.

Lfd. Nr.	Stadt	Aufforderung zur Nährpflicht unter Androhung der Strafverfolgung im Jahre 1908 (* unter Androhung des Arbeitszwanges)	Aufforderung mit Erfolg	
			Zahl	Von 100 Aufforderungen hatten Erfolg
1	Hamburg	*615	94	14,44
2	Cöln	216	36	16,67
3	Düsseldorf	229	99	43,23
4	Hannover	31	6	19,35
5	Stuttgart	ca. *150	ca. 118	78,67
6	Charlottenburg	140	27	19,29
7	Essen	290	127	43,79
8	Bremen	36	8	22,22
9	Dortmund	ca. 80	ca. 30	37,50
10	Altona	54	19	35,19
11	Straßburg	38	12	31,58
12	Elberfeld	196	76	38,78
13	Danzig	ca. 340	ca. 80	23,53
14	Gelsenkirchen	ca. 80	ca. 35	43,75
15	Posen	72	30	41,80
16	Bochum	86	31	36,05
17	Karlsruhe	28	14	50,00
18	Crefeld	54	30	55,56
19	Plauen	*58	21	36,21
20	Erfurt	28	1	3,57
21	Mainz	115	72	62,61
22	Rostock	*8	6	75,00
23	Dessau	*71	45	63,38
24	Schwerin	*14	7	50,00
25	Heilbronn	*10	4	40,00
26	Ludwigsburg	*3	3	100,00

Die IV. Tabelle enthält die Ergebnisse der Zählung der Bestrafungen der pflichtvergessenen Familienväter aus § 361 Nr. 5 und 10 St.G.B.

Die Zahl der aus § 361, 5 und 10 St.G.B. Bestraften betrug in den in Tabelle IV aufgeführten 37 Städten im Jahre 1908 799, wovon 122 rückfällig waren. Davon wurden 67 aus Nr. 5, hierunter 29 mit Korrektionsnachschaft, und 732 aus Nr. 10 bestraft; von diesen 732 sind nur 252 mit Haft und davon nur 100 mit Haft über eine Woche bestraft. Die Haftstrafen wegen Übertretung gegen § 361, 10 St.G.B. betrugen somit nur 34,42 % aller Bestrafungen aus § 361, 10, die Strafen über eine Woche Haft sogar nur 13,66 %.

Wählt man aus der Tabelle IV die Städte aus, bei denen in Tabelle I die Fälle von Versäumnis der Nährpflicht gezählt sind — es sind alle Städte der Tabelle I mit Ausnahme von Dresden —, so ergibt sich, daß in den 32 Städten mit zusammen 5317 Nährpflichtsäumigen

24 Dr. Lohse.

IV. Tabelle.

Lfd. Nr.	Stadt (* Städte, in denen der Arbeitszwang eingeführt ist)	Bestrafung erfolgte 1908 aus § 361, 5 u. 10 St.G.B.							Übernahme der Nährpflicht infolge Bestrafung	
		Nr. 5 u. 10		Nr. 5 († 361, 5 u. 10 nicht gesondert aufgeführt)		Nr. 10					
		Zahl	auf 100 Fälle der Nährpflichtversäumnis	Zahl	mit Nachhaft	Zahl	mit Haft			Zahl	auf 100 Straffälle
							Zahl	davon über 1 Woche	wiederholt		
1	Berlin	121	—	†	—	121	40	11	8	?	—
2	*Hamburg	5	0,33	—	—	5	—	—	—	—	—
3	*Leipzig	84	33,33	1	—	83	16	4	15	27	32,14
4	Breslau	48	—	2	1	46	23	15	?	?	—
5	Cöln	32	7,71	†	—	32	15	9	12	?	—
6	Frankfurt a. M.	17	4,33	1	—	16	5	—	1	?	—
7	Düsseldorf	45	32,85	4	—	41	7	3	14	14	31,11
8	Hannover	11	13,92	—	—	11	1	—	—	5	45,45
9	*Stuttgart	4	—	—	—	4	2	—	1	4	100,00
10	Charlottenburg	34	—	—	—	34	13	5	6	7	20,59
11	Essen	5	1,60	1	—	4	1	1	—	?	—
12	Königsberg	32	16,00	2	—	30	11	6	3	?	—
13	Bremen	46	14,89	43	24	3	1	1	?	9	19,57
14	Dortmund	19	13,57	1	—	18	7	—	2	?	—
15	Halle	10	5,18	—	—	10	1	1	?	?	—
16	Altona	4	2,80	2	—	2	2	—	1	1	25,00
17	Straßburg	11	28,95	4	—	7	7	—	2	1	9,09
18	Kiel	8	4,10	†	—	8	3	1	1	3	3,75
19	Elberfeld	30	28,57	—	—	30	10	3	6	14	46,67
20	Danzig	42	48,84	—	—	42	7	4	6	ca. 18	42,86
21	Barmen	48	67,61	—	—	48	17	9	19	?	—
22	Rixdorf	19	—	—	—	19	3	1	—	3	15,79
23	Gelsenkirchen	28	63,64	—	—	28	15	4	ca. 8	ca. 5	17,86
24	Aachen	10	23,81	3	1	7	2	1	—	2	20,00
25	Posen	13	10,65	—	—	13	10	5	2	?	—
26	Cassel	15	13,16	—	—	15	1	—	5	3	20,00
27	Bochum	9	34,62	2	2	7	5	3	2	?	—
28	Karlsruhe	10	30,30	—	—	10	5	4	1	?	—
29	Crefeld	9	9,78	—	—	9	6	6	—	2	22,22
30	*Plauen	3	2,94	—	—	3	2	—	2	—	—
31	Erfurt	6	4,80	1	1	5	5	1	2	?	—
32	Mainz	17	28,33	—	—	17	5	1	2	3	17,65
33	*Rostock	—	—	—	—	—	—	—	—	—	—
34	*Dessau	—	—	—	—	—	—	—	—	—	—
35	*Schwerin	2	20,00	—	—	2	2	—	1	?	—
36	*Heilbronn	2	—	—	—	2	2	1	—	—	—
37	*Ludwigsburg	—	—	—	—	—	—	—	—	—	—
37	Zusammen	799		67	29	732	252	100	122		

nur 573, also nur 10,77% (1896/97 ebenfalls 10%), bestraft worden sind.

Aus Tabelle IV ist zu ersehen, daß in den Städten, in denen der Arbeitszwang eingeführt ist, nur sehr selten die Strafverfolgung eingeleitet wird; so ist Hamburg mit nur 5, Stuttgart mit nur 4 Fällen verzeichnet. Es ist dies ein Beweis dafür, daß die Städte die Durchführung des Arbeitszwanges dem meist wirkungslosen Strafverfahren vorziehen. Auffallend ist, daß Leipzig trotz recht häufiger Anwendung des Arbeitszwanges 84 Bestrafungen gleich 33,33% der Fälle von Nährpflichtversäumnis aufzuweisen hat.

Obgleich überall nur in verhältnismäßig wenigen Fällen das Strafverfahren eingeleitet ist, ist der durch die Bestrafung erzielte Erfolg nach der letzten Rubrik der Tabelle IV gering. Die hohen Prozentsätze, die sich hier und da finden, verändern wegen der niedrigen absoluten Zahlen, die zugrunde liegen, das Gesamtbild nicht.

Von den 67 Bestrafungen aus § 361, 5 St.G.B. kommen allein auf Bremen 43 und von den 29 Fällen der Verhängung der Korrektionsnachhaft aus § 361, 5 St.G.B. (Tabelle IV) 24 Fälle, so daß auf die sämtlichen übrigen 36 Städte nur 24 Verurteilungen und davon nur 5 mit Nachhaft entfallen. Ein unanfechtbarer Beweis, daß das Strafgesetz oder seine Anwendung durch die richterliche Praxis den nährpflichtsäumigen Müßiggängern und Trunkenbolden gegenüber völlig versagt! Die Ausnahmestellung, die Bremen einnimmt, ist darauf zurückzuführen, daß dort seit längerer Zeit bei der Armenpflege, wie bei der Staatsanwaltschaft und den Gerichten ein erfreuliches Interesse an der Bekämpfung der Trunksucht besteht, und daß infolgedessen erhebliche Mühe aufgewendet wird, um in zahlreichen Einzelfällen die Verhältnisse von Trinkern und ihren Familien zu ermitteln und das ganze Verhalten der Trinker festzustellen und aktenkundig zu machen. Ein fortdauernder persönlicher Verkehr des von dem Vorstande der Armenpflege eingesetzten Ausschusses zur Bekämpfung der Trunksucht mit den Ärzten, Polizeibeamten, Staatsanwälten und Richtern wird unterhalten. Der engen Verbindung mit den in Betracht kommenden Persönlichkeiten, dem dadurch geweckten und mehr und mehr gesteigerten Interesse an der für die Armenpflege wichtigen Angelegenheit und der äußerst sorgfältigen Vorbereitung der Anklage durch Beschaffung von Material ist es zuzuschreiben, daß sich in der Anschauung der Bremer Gerichte in den letzten Jahren ein Wandel vollzogen hat, und von ihnen dem § 361, 5 St.G.B. eine Auslegung gegeben wird, die ihn nicht mehr als unverwendbar erscheinen läßt. Man fordert in Bremen nach Mitteilung des Vorstandes der Armenpflege nicht mehr eine völlige Unfähigkeit zur Arbeit als Folge von Trunksucht oder Müßiggang, sondern begnügt sich mit dem Nachweise, daß durch Trunksucht die physische Arbeitskraft oder auch die moralische Stärke, also Wille und Widerstandsfähigkeit, chronisch geschwächt und dadurch, wenn auch nicht völlig, so doch teilweise zerstört sind. Diese Auslegung wird als mit dem Sinne des § 361, 5 St.G.B. und dem bekannten Urteil des Reichsgerichts (I S. 366) durchaus vereinbar erklärt. Denn wenn der

V. Arbeitszwang gegen das nährpflicht=

Lfd. Nr.	Stadt (* Zeitraum vom 1. Mai 1908 bis 1. Mai 1909.)	Anordnung des Arbeitszwanges Zahl der Fälle						Die Vollstreckung unterblieb wegen Übernahme der Fürsorge		
		1906		1907		1908		1906	1907	1908
			davon rück= fällig		davon rück= fällig		davon rück= fällig			
1	Leipzig . . .	85	32	67	31	99	43	—	—	—
2	Plauen . . .	18	5	14	6	21	13	—	—	—
3	Stuttgart . .	?	—	?	—	24	9	—	—	8
4	Heilbronn . .	17	—	17	—	14	—	5	8	5
5	Ludwigsburg .	2	—	1	—	5	—	2	—	4
6	Rostock . . .	10	2	1	1	1	—	—	—	—
7	Schwerin . .	10	—	6	1	7	2	—	—	—
8	Dessau . . .	72	6	51	3	66	2	31	28	49
9	*Hamburg . .	—	—	—	—	65	—	—	—	12

Trinker z. B. nur noch eine halbe Arbeitskraft repräsentiere, die Armen= pflege daher der Familie Zuschüsse leisten müsse, die ohne die Trunk= sucht des Mannes nicht nötig wären, so liege doch ersichtlich der Tatbestand der genannten Strafbestimmung vor. In dem erwähnten reichsgerichtlichen Erkenntnisse sei ein Fall behandelt, in dem die Notwendigkeit öffentlicher Unterstützung sehr wohl in einem Nichtwollen des Angeklagten ihren Grund gehabt haben könnte. Leute, die wegen Deliriums ins Kranken= haus gekommen sind, werden in Bremen regelmäßig nach § 361, 5 St.G.B. bestraft. Ob das Hanseatische Oberlandesgericht diese Verurteilung aufrecht erhalten würde, ist mehr als zweifelhaft. Es hat nämlich wiederholt in Sachen, die von der hamburgischen Armenverwaltung anhängig gemacht waren, z. B. in den Urteilen vom 28. November 1889 und 27. November 1903, den Standpunkt eingenommen, daß die bloße Unfähigkeit eines wegen Delirium tremens im Krankenhause Verpflegten zur Tragung der Krankenpflegekosten für die Anwendung des § 361, 5 St.G.B. nicht ge= nüge, wofern der Angeklagte sich und seine Familie im übrigen in ge= nügender Weise ernähre und davor schütze, öffentliche Hilfe in Anspruch zu nehmen. Die Nachhaft, auf die erkannt ist, wird in Bremen in ge= eigneten Fällen so lange ausgesetzt, wie die Leute sich gut führen. Auch nach der Verbüßung der Strafe nimmt der Ausschuß sich der Trunk= süchtigen an.

In der obenstehenden Tabelle V sind die Erhebungen über die Anordnung und Vollstreckung des Arbeitszwanges zusammen= gestellt. Von den angeführten 13 Städten, an die der Fragebogen B versandt wurde, haben Dresden, Chemnitz, Ulm und Oldenburg die Fragen unbeantwortet gelassen.

Vergleicht man die Zahl der Anordnungen des Arbeitszwanges im Jahre 1908 mit der der Nährpflichtsäumigen — da diese nur im März 1909 gezählt sind, fehlt hier wie bei den übrigen Berechnungen die ge=

säumige männliche Familienhaupt.

Zahl der Vollstreckungen			Erfolg der Vollstreckung								
			Dauererfolg			Vorübergehender Erfolg			Kein Erfolg		
1906	1907	1908	1906	1907	1908	1906	1907	1908	1906	1907	1908
85	67	99	22	22	35	28	16	16	35	30	42
18	14	20	6	1	6	6	6	6	6	6	7
?	?	15	—	—	8	—	—	3	—	—	4
3	2	5	?	?	?	?	?	?	?	?	?
—	1	1	—	1	1	—	—	—	—	—	—
10	1	1	—	—	1	2	1	—	2	—	—
10	6	7	8	5	5	2	1	2	—	—	—
14	12	13	8	11	4	4	1	1	2	—	—
—	—	38	—	—	4	—	—	1	—	—	5

naue Vergleichszahl —, so ergibt sich, daß der Arbeitszwang angeordnet worden ist in Leipzig in 39,28 %, Plauen in 20,58 %, Heilbronn 82,35 %, Dessau 75,00 % und in Hamburg in 4,26 % der Fälle. In Leipzig wird der, gegen den der Arbeitszwang ausgesprochen ist, sofort in das Arbeitshaus abgeführt. Die Vollstreckung der Anordnung konnte im Jahre 1908 wegen Übernahme der Fürsorge unterbleiben in Stuttgart in 33,33 %, Heilbronn 35,71 %, Dessau 74,54 % und in Hamburg in 18,46 % der Fälle der Anordnung des Arbeitszwanges. Die Vollstreckung des Arbeitszwanges hatte im Jahre 1908, auf 100 Fälle der Vollstreckung berechnet, dauernden Erfolg in Leipzig in mindestens 35,35, in Stuttgart in 53,33, in Dessau in 30,77 und in Hamburg in 10,52 Fällen. Tatsächlich ist der Prozentsatz der erfolgreichen Fälle höher, da in manchen Fällen die Vollstreckung Ende 1908 noch nicht abgelaufen war oder noch nicht feststand, ob ein Erfolg zu verzeichnen ist. In Hamburg z. B. kommen von den 38 Zwangsinsassen 24, weil sie noch in der Anstalt sich befanden, für den Erfolg noch nicht in Betracht.

Rechnet man unter die erfolgreichen Fälle alle, in denen entweder schon die Anordnung des Arbeitszwanges allein oder erst die Vollstreckung die Besserung bewirkte, so waren von 100 Anordnungen in den Großstädten erfolgreich: in Leipzig 35,35, Stuttgart 66,66, Plauen 28,57, Hamburg 24,61.

Wegen unbekannten Aufenthalts der Säumigen konnte die Vollstreckung des im Jahre 1908 angeordneten Arbeitszwanges nicht erfolgen in Stuttgart in 1 Falle, in Plauen in 20, Dessau in 4 und Hamburg in 11 Fällen.

Aus der folgenden Zusammenstellung ergibt sich die Dauer des Arbeitszwanges in den Fällen, in denen er 1907 und 1908 zur Vollstreckung gelangte.

| Lfd. Nr. | Stadt | Dauer des Arbeitszwanges |||||
		bis 3 Monate	3—6 Monate	6—9 Monate	9—12 Monate	über 1 Jahr
1	Leipzig 1907	20	21	22	2	2
	1908	25	49	20	5	—
2	Plauen 1907	8	3	1	1	—
	1908	12	6	2	—	1
3	Stuttgart ... 1908	8	3	3	1	—
4	Heilbronn ... 1907	—	—	—	2	—
	1908	3	—	1	1	—
5	Ludwigsburg . 1907	1	—	—	—	—
	1908	1	—	—	—	—
6	Rostock 1907	1	—	—	—	—
	1908	1	—	—	—	—
7	Schwerin ... 1907	6	—	—	—	—
	1908	7	—	—	—	—
8	Dessau 1907	10	2	—	—	—
	1908	7	3	3	—	—
9	Hamburg ... 1908	4	15	—	—	—

In Hamburg werden in gleicher Weise wie in anderen Orten mit Arbeitszwang die Zwangsinsassen nach 3—6 Monaten versuchsweise entlassen, um ihnen Gelegenheit zu geben, die Fürsorge für ihre Familie, soweit möglich, zu übernehmen. Tun sie das nicht, so werden sie ohne weiteres der Arbeitsanstalt wieder zugeführt.

Die Anordnung des Arbeitszwanges ist in Hamburg bisher im Wege der gerichtlichen Klage nicht angefochten worden. Die in drei Fällen an den Senat eingelegten Beschwerden sind zurückgewiesen worden.

Über den Familienstand der Nährpflichtsäumigen, gegen die der Arbeitszwang im Jahre 1908 angeordnet worden ist, und den Kreis der unterstützten Angehörigen gibt die folgende Zusammenstellung Aufschluß:

| Lfd. Nr. | Stadt | Zahl der Fälle | Familienstand ||| Unterstützt wurden |||
			verh.	verw.	gesch.	a) Frau u. Kinder	b) nur die Frau	c) nur die Kinder
1	Leipzig ...	99	81	9	9	68	15	16
2	Plauen ...	21	18	2	1	18	—	3
3	Stuttgart ...	24	15	8	1	14	1	9
4	Heilbronn ..	14	4	9	1	2	—	12
5	Ludwigsburg .	5	5	—	—	—	—	5
6	Rostock ...	1	1	—	—	1	—	—
7	Schwerin...	7	6	—	1	4	3	—
8	Dessau ...	66	58	6	2	58	3	5
9	Hamburg...	65	44	8	13	52	3	10

Nur sehr selten ist hiernach der Arbeitszwang dann angeordnet worden, wenn die Frau allein für ihre Person wegen der Nährpflichtversäumnis des Mannes unterstützt werden mußte.

Die bisherigen Feststellungen beziehen sich nur auf männliche Familienhäupter, die ihre Unterhaltspflicht verletzt haben. Von den neun Städten ist außerdem in sechs in folgenden Fällen im Jahre 1908 der Arbeitszwang gegen **andere Personen** angeordnet und vollstreckt worden:

Lfb. Nr.	Stadt	gegen					
		die eheliche Mutter		die uneheliche Mutter		alleinstehende arbeitsscheue Personen	
		Zahl der Fälle	davon mit Erfolg	Zahl der Fälle	davon mit Erfolg	Zahl der Fälle	davon mit Erfolg
1	Leipzig . . .	6	1	5	1	209	46
2	Plauen . . .	—	—	7	1	1	—
3	Stuttgart . .	3	3	8	6	—	—
4	Ludwigsburg .	1	1	—	—	—	—
5	Schwerin . . .	—	—	—	—	3	—
6	Hamburg . . .	1	—	—	—	—	—

Gegen alleinstehende Arbeitsscheue wird in Stuttgart und Dessau das immerhin umständliche Arbeitszwangsverfahren nicht durchgeführt, ihnen aber Unterstützung nur in der Form von Anstaltspflege gewährt. In Hamburg ist eine größere Anzahl arbeitsscheuer Trunkenbolde entmündigt, wodurch die Möglichkeit zwangsweiser Festhaltung in der Arbeitsanstalt geschaffen ist. Die Durchführung des Arbeitszwanges gegen nicht entmündigte alleinstehende Arbeitsscheue, die sich in dem Armenhause befinden, stößt in Hamburg insofern auf Schwierigkeiten, als sie bei Einleitung des Verfahrens sofort ihre Entlassung fordern und die Ladung zu der vorgeschriebenen mündlichen Verhandlung ihnen dann wegen unbekannten Aufenthalts nicht zugestellt werden kann. Es wird aber versucht werden, auch gegen diese Gruppe von Personen in Hamburg wirksam im Wege des Arbeitszwanges einzuschreiten. Die auffallend geringe Zahl der Fälle, in denen in Hamburg der Arbeitszwang bisher zur Anwendung gekommen ist, erklärt sich einmal daraus, daß das neue Gesetz sich erst einleben mußte, sodann aus der Ungunst der wirtschaftlichen Verhältnisse. Es wurde zunächst die bessere Arbeitsgelegenheit im Frühjahre 1908 abgewartet, ehe mit Stellung der Anträge auf Anordnung des Arbeitszwanges begonnen wurde. Weiter ließ die Zunahme der Arbeitslosigkeit in den letzten Monaten des Jahres 1908 es angebracht erscheinen, bei Einleitung des Arbeitszwangsverfahrens äußerste Vorsicht walten zu lassen. Schon jetzt steht fest, daß der drohende Arbeitszwang ein weit wirksameres Mittel ist, die nährpflichtsäumigen Männer zur Erfüllung ihrer Pflicht zu bestimmen, als die strafrechtlichen Vorschriften. Im übrigen ist die Zeit seit Einführung des Arbeitszwanges zu kurz, um über seine Wirkungen ein abschließendes Urteil fällen zu können. Ob er in größerem

Umfange einen günstigen Einfluß auf die Zahl der Nährpflichtsäumigen ausüben wird, wird sich erst nach Jahren zweifelsfrei feststellen lassen. In Hamburg werden die Zwangsinsassen in der Arbeitsanstalt in dem dort vorhandenen größeren landwirtschaftlichen Betriebe mit allen vorkommenden Arbeiten beschäftigt. Die Kräftigsten von ihnen verrichten die schwierigen Erd= und Meliorationsarbeiten auf den zum Gutsbetriebe gehörigen Moorländereien und machen diese nutzbar. Die weniger Kräftigen arbeiten auf den Gemüsefeldern und finden auch bei den Heu= und Getreidearbeiten Verwendung. Alle Zwangsinsassen haben die ihnen übertragenen Arbeiten bisher fleißig und willig ausgeführt. Auch ihr Verhalten dem Aufsichtspersonal und den Beamten gegenüber war stets einwandfrei. Die Arbeiten werden unter Aufsicht eines nicht uniformierten, unbewaffneten Feldaufsehers ausgeführt, der mehr die Stelle eines Vorarbeiters, als die eines Aufsehers einnimmt. Die Zwangsinsassen bilden keine besonderen Arbeitskolonnen, sondern arbeiten gemeinschaftlich mit den übrigen Insassen, die, abgesehen von einer Anzahl entmündigter Trinker, nur aus Personen bestehen, die ohne Zwang im Wege der geschlossenen Armenpflege in die Anstalt aufgenommen sind. Auf dem Anstaltsgelände, das mit einem einfachen, zwei Meter hohen Gitter aus Drahtgeflecht eingefriedigt ist, dürfen sich die Zwangsinsassen außerhalb der Arbeitszeit frei und ohne jede Kontrolle bewegen. Die Wohn= und Schlafräume sind unverschlossen, die Fenster unvergittert. Trotzdem ist bisher kein Zwangsinsasse entwichen. Selbst die zum zweiten Male überwiesenen Zwangsarbeiter fügen sich der Ordnung des Hauses. Von den überwiesenen waren 32 Trinker. Der Alkohol wird ihnen gleich nach der Aufnahme ganz entzogen. Sie gewöhnen sich in kurzer Zeit an völlige Abstinenz, die keine nachteiligen Folgen für die Gesundheit hat. Der Arbeitsverdienst hat für den Arbeitstag bisher 1,20 Mk. betragen, ist jedoch kürzlich auf 2 Mk. erhöht worden. Von diesem Betrage werden zur Deckung der Unterbringungskosten 0,70 Mk. (demnächst 1 Mk.) täglich eingezogen, 0,15 Mk. erhalten die Insassen zur Beschaffung von Zusatznahrungsmitteln, Tabak u. dergl. ausgezahlt, und der Rest wird zum Unterhalt der Familienangehörigen an den Armenverband abgeführt.

In Ludwigsburg, das die Wirkungen des Arbeitszwangsgesetzes als wirklich gute bezeichnet, werden die Insassen im Armenhaus mit Steinschlagen beschäftigt und verdienen durchschnittlich 2,50—3 Mk. täglich. Hiervon wird der nach Abzug der Verpflegungskosten von 1 Mk. täglich verbleibende Überschuß zum Unterhalt der Angehörigen verwendet.

Über den Überschuß, der an anderen Orten aus dem Verdienst der Zwangsinsassen für die Angehörigen erzielt wird, gibt Dr. Buehl in dem schon angeführten Artikel Aufschluß.

Auch Dessau zieht das Arbeitszwangsverfahren dem Strafverfahren bei weitem vor.

Bei den statistischen Erhebungen im Jahre 1896/97 haben von 94 Städten die Frage nach der Zweckmäßigkeit der Einführung des Arbeitszwangsverfahrens **70** Städte unbedingt, 10 Städte bedingt bejaht; von 8 Städten ist sie verneint worden, während 6 ein Urteil nicht abgaben.

4. Die rechtliche Zulässigkeit des armenpolizeilichen Arbeitszwanges.

Die Bedenken gegen die Zulässigkeit eines Verwaltungszwangsverfahrens beruhen darauf, daß das Reichsstrafgesetzbuch in §§ 361 Nr. 5, 7 und 10 und 362 sich mit den hier fraglichen Verhältnissen befaßt. Aus diesen Bestimmungen in Verbindung mit Art. 2 der Reichsverfassung und § 2 E.G. z. St.G.B. ist zu entnehmen, daß abweichende landesrechtliche Strafvorschriften in dieser Materie, also insbesondere die Ausdehnung der Strafbarkeit durch Umgestaltung einzelner Tatbestandsmerkmale oder die Einführung schwererer Strafen, unzulässig sind.

Bei Beratung der §§ 361 Nr. 5, 362 St.G.B. im Reichstage (Sitzung vom 8. April 1870) erklärte der Bundeskommissar Präsident des Reichsjustizamtes Dr. Friedberg auf die Frage eines Abgeordneten ausdrücklich, daß das in dem preußischen Gesetze vom 21. Mai 1855 geregelte Verwaltungszwangsverfahren durch das neue Strafgesetzbuch nicht berührt werde. Bei der Beratung über das württembergische Gesetz vom 2. Juli 1889 äußerte sich in der Württembergischen Kammer der Abgeordneten der Staatsminister des Innern am 7. Juni 1889 dahin, daß seinerzeit der preußische Justizminister Leonhard, einer der Redaktoren des Deutschen Strafgesetzbuches, in einem besonderen Gutachten sich entschieden dafür ausgesprochen habe, daß das Strafgesetzbuch ein Hindernis gegen die Anwendung des Arbeitszwanges im Wege des Verwaltungsverfahrens nicht biete.

Trotzdem trug die preußische Regierung Bedenken, die Art. 11—14 des preußischen Gesetzes vom 21. Mai 1855 (Anhang II) aufrechtzuerhalten. In dem Entwurfe des preußischen Ausführungsgesetzes zum Unterstützungswohnsitzgesetz vom 8. März 1871 war die Aufhebung dieser Bestimmungen vorgesehen; in den Motiven wurde ausgeführt, die im Gesetze von 1855 ermöglichte Unterbringung in einem Arbeitshause sei zwar der Absicht des Gesetzgebers nach nicht als Strafe, sondern als Exekutionsmittel anzusehen. Tatsächlich nehme dieses Mittel aber wesentlich den gleichen Charakter wie die Korrektionsnachhaft des § 362 St.G.B. an, weil der Eingesperrte das, wozu er durch diese Maßregel gezwungen werden solle, der Regel nach gleichwohl erst nach seiner Entlassung, also nach Aufhebung der Exekution, leisten könne. Das Abgeordnetenhaus (Komm. Bericht Nr. 109 von 1870/71) teilte die Erwägungen der Regierung und fügte ihnen hinzu, die Einsperrung erfolge zur Vollstreckung des Zivilanspruchs der Armenverbände gegen die Ersatzpflichtigen, ihre Zulassung widerspreche daher dem Gesetze über die Aufhebung der Schuldhaft vom 29. Mai 1868. Das Herrenhaus (Komm. Bericht Nr. 6 von 1870/1) stellte zwar die hier fraglichen Bestimmungen wieder her, hervorhebend, daß es sich hier nicht um eine Bestrafung, sondern um eine Vollstreckungsmaßregel handle, die das Individuum in zweckmäßiger Weise zur Erfüllung seiner Pflicht nötigen solle. Das Abgeordnetenhaus strich die Vorschriften aber wieder, und hierbei verblieb es (§ 74 des preuß. Ausf. G. zum U.W.G.).

Entgegen dieser Auffassung haben die zuständigen Reichsbehörden stets den von vornherein von ihnen eingenommenen Standpunkt beibehalten, daß der lediglich als Exekutionsmittel ausgeübte persönliche Arbeitszwang von der im § 362 St.G.B. geregelten, als Strafe gehandhabten Überweisung in ein Arbeitshaus grundsätzlich verschieden sei und deshalb im Wege der Landesgesetzgebung eingeführt werden könne.

In der im Dezember 1893 erteilten Antwort des **Staatssekretärs des Innern** auf die oben mitgeteilte Eingabe des Vereins für Armenpflege und Wohltätigkeit heißt es u. a.:

"Zugleich ist aber im Sinne der dortigen Anregung klargestellt worden, daß die Landesgesetzgebung auch nach dem Erlaß der neuen Strafvorschrift (§ 361, 10 St.G.B.) in der Lage bleiben wird, den Polizeibehörden Zwangsmittel an die Hand zu geben, um im Verwaltungswege pflichtvergessene Personen zum Unterhalt ihrer Angehörigen zu nötigen, soweit ein polizeilich zu schützendes Interesse vorliegt."

In demselben Sinne haben sich bei der Beratung dieser Strafvorschrift sowohl die Reichsregierung als auch die Reichstagskommission und der Reichstag geäußert (Verhandlungen des Reichstages 1892/3 Band 3 S. 1709, 1713, Anl. Band 2 S. 1188; 1893/4 Band 2 S. 900, 992, 993, Anl. Band 1 S. 470). Die Reichstagskommission führte in ihrem Berichte vom 3. Mai 1893 (Reichstagsdrucksache Nr. 227, 8. Leg. Per. II. Session 1892/3) aus, es habe sich **volles Einverständnis der Kommission mit den Vertretern der verbündeten Regierungen** ergeben, daß die landesgesetzlichen Vorschriften über den Arbeitszwang zwar, soweit sie **strafrechtlicher** Natur seien, durch die ergänzende Vorschrift des Reichsstrafrechts hinfällig würden;

"insoweit dieselben dagegen lediglich der polizeilichen Zwangsgewalt Mittel an die Hand geben zur Herbeiführung derjenigen Pflichterfüllung, auf welche die Polizeibehörden gegen pflichtvergessene Familienglieder hinzuwirken gesetzlich autorisiert sind, sei der Fortbestand neben dem Reichsstrafrecht zweifellos".

Der gleiche Standpunkt ist in der Begründung zum zweiten Entwurfe des späteren Reichsgesetzes vom 12. März 1894 vertreten, die ausdrücklich darauf hinweist, daß, insoweit die neue Strafbestimmung zur Beseitigung der Übelstände nicht ausreichen sollte, die Landesregierungen, wo dies nicht bereits geschehen sei, **ohne daß es einer besonderen Ermächtigung durch Reichsgesetz bedürfe**, mit armenpolizeilichen Zwangsmaßregeln vorzugehen in der Lage seien. Gegen die Einführung eines solchen Verwaltungszwangsverfahrens durch Reichsgesetz spreche namentlich der Umstand, daß es bei der Verschiedenheit des Landesverwaltungsrechts ungemein schwierig sein würde, von Reichs wegen eine einheitliche Handhabung des Verfahrens zu sichern und die erforderlichen Bürgschaften gegen Willkür zu gewähren.

Für diesen grundsätzlichen Rechtsstandpunkt ist der Umstand belanglos, daß der Reichstag schließlich die in dem Entwurfe vorgesehene Zulässigkeit der Überweisung an die Landespolizeibehörde abgelehnt hat. Mit Rücksicht auf diese Ablehnung und die Regelung in § 361,10 St.G.B.

ist bei Beratung des hamburgischen Gesetzes in der Bürgerschaft mit großem Nachdrucke geltend gemacht worden, soweit der armenpolizeiliche Arbeitszwang sich nicht gegen für ihre eigene Person hilfsbedürftige Arbeitsscheue, sondern gegen säumige Nährpflichtige richte, sei er, von seiner rein formellen Zulässigkeit ganz abgesehen, mit dem Geiste der Reichsgesetzgebung unvereinbar. Hiernach könne gegen einen Unterhaltspflichtigen nur bei schuldvollem Verhalten eingeschritten werden, während nach dem hamburgischen Gesetzentwurfe die bloße Tatsache der Nichterfüllung der Nährpflicht genüge. Diese Tatsache solle zur zwangsweisen Unterbringung in einem Arbeitshause hinreichen, obgleich die Reichsgesetzgebung selbst für die schwersten Fälle der Übertretung des § 361,10 St.G.B. ein so schweres Übel für unanwendbar erkläre, und außerdem seine Anwendung grundsätzlich der richterlichen Entscheidung vorbehalte.

Die Begründung des Entwurfes des württembergischen Gesetzes vom 2. Juli 1889, das auch nach Erlaß des § 361,10 St.G.B. seine Gültigkeit behalten hat, spricht sich über etwaige Bedenken mit Rücksicht auf die Reichsstrafgesetzgebung, wie folgt, aus:

„Die Verpflichtung zur Arbeitsleistung erscheint ... lediglich als Korrelat des Genusses öffentlicher Unterstützung, als eine im Polizeirecht begründete Folge des Eintritts der öffentlichen Fürsorge für eine Person oder deren Angehörige. Hieran ändert auch der Umstand nichts, daß die Verpflichtung zur Arbeit nicht in allen Fällen, sondern nur auf jedesmaliges Erkenntnis der Armenbehörde eintritt. Denn dieses Erkenntnis hat nicht eine bestimmte Straftat zur Voraussetzung und die Verhängung eines Übels behufs deren Ahndung zum Zweck, sondern soll nur konstatieren, ob nach den Verhältnissen des besonderen Falls zur Realisierung der an sich begründeten Arbeitsverpflichtung Grund gegeben sei. Die Erwägungen, welche für die Entscheidung hierfür bestimmend sein müssen, liegen durchaus auf dem Gebiete der Armenpolizei, sofern es sich eben darum handelt, ungerechtfertigter Belastung des Armenverbandes wirksam entgegenzutreten."

Von ausschlaggebender Bedeutung für die Frage der Möglichkeit der Einführung des Verwaltungszwangsverfahrens durch Landesgesetz dürfte sein, daß auf Veranlassung der Landesregierungen das Reichsjustizamt zu den anhaltischen und zu den hamburgischen Bestimmungen über den Arbeitszwang vor ihrem Erlaß Stellung genommen und ausdrücklich erklärt hat, gegen die Vorschriften seien vom Standpunkte des Reichsrechtes keine Bedenken zu erheben.

Im anhaltischen Landtage hatte bei Beratung des Entwurfes des Gesetzes vom 27. April 1904 ein Abgeordneter angeregt, in Übereinstimmung mit einem Ortsstatut der Stadt Dessau einmal von der Anwendung des Arbeitszwanges alle Fälle gesetzlich auszuscheiden, in denen die Hilfsbedürftigkeit des Unterstützten oder seiner Familie ohne Verschulden des Unterstützten eingetreten ist, und sodann die Dauer der Unterbringung auf bestimmte Zeit — höchstens ein Jahr — festzusetzen. Er wies darauf hin, daß nach dem Gesetzentwurfe die Gewährung von Unterstützung die einzige Voraussetzung für die Verhängung des Arbeitszwanges sei, und daß hiernach für Personen, die ohne Schuld, etwa infolge einer wirtschaftlichen Krise, arbeitslos seien und deshalb unterstützt würden, die

Gefahr bestehe, in ein Arbeitshaus gesperrt zu werden. Ein Regierungskommissar erwiderte, daß zunächst von der Staatsregierung ein in der Fassung an jenes Statut sich anlehnender Gesetzentwurf ausgearbeitet worden sei. Dieser Entwurf sei aber durch einen neuen, allgemeiner gefaßten Entwurf ersetzt worden, nachdem seitens des Reichsjustizamts, das sich im übrigen zustimmig geäußert habe, geltend gemacht sei, bei Anbrohung des Arbeitszwanges nur in Fällen eines pflichtwidrigen Verhaltens und bei Festsetzung einer bestimmten Zeitdauer der Unterbringung nehme die in der Anwendung des Arbeitszwanges liegende **Freiheitsentziehung den Charakter einer Strafe** an. (Verhandlungen des anhaltischen Landtages 1904 S. 164/5, 389, 392.)

Die Begründung der **hamburgischen** Vorschriften über den Arbeitszwang sieht ihn als eine auf **armenrechtlichem** Gebiete liegende Maßregel an. Es wird ausgeführt, die Landesgesetzgebung könne in öffentlichem Interesse die Armenunterstützung so gestalten, daß sie von dem eigenen Willen des Unterstützten unabhängig, vielmehr nur an die objektive Voraussetzung der Hilfsbedürftigkeit geknüpft ist. Der formelle Verzicht auf Unterstützung sei daher bei fortdauernder Hilfsbedürftigkeit unwesentlich. Gegenüber Arbeitsscheuen und Trunkenbolden, die ihre eigene Hilfsbedürftigkeit herbeigeführt haben, liege in der Unterbringung in einer Arbeitsanstalt eine unmittelbar zur Beseitigung der Hilfsbedürftigkeit bestimmte und geeignete Art der Armenunterstützung. Gegenüber nährpflichtsäumigen Familienvätern sei ihre Unterbringung in einer Arbeitsanstalt, da hierdurch die Hilfsbedürftigkeit der Familienmitglieder zunächst nicht berührt werde, nicht lediglich unter dem Gesichtspunkte einer armenrechtlichen Unterstützungsmaßregel, sondern als ein Mittel anzusehen, mit dessen Hilfe der Armenverband das ihm infolge der Unterstützung zustehende Recht auf Verwertung der Arbeitskraft des Unterstützten zwangsweise zur Geltung bringe.

Der Entwurf des **hamburgischen** Gesetzes ist ebenfalls dem **Reichsjustizamte** vorgelegt worden, das sich in gleichem Sinne, wie dem anhaltischen Staatsministerium gegenüber, geäußert hat. Es hat den Entwurf gebilligt, dabei aber hervorgehoben, der Arbeitszwang dürfe nicht von irgendeinem Verschulden oder bösen Vorsatze des Betreffenden abhängig gemacht, und die Dauer des Zwanges nicht auf bestimmte Zeit befristet werden. (Ausschußberichte der Bürgerschaft 1906 Nr. 42 S. 8; Stenographische Berichte über die Verhandlungen der Bürgerschaft 1907 S. 685, 687.) Dem Wunsche nach zeitlicher Begrenzung der Unterbringung wurde deshalb in anderer Form durch den Abs. 5 des § 21 des Gesetzes (Anhang III, 6) Rechnung getragen.

Nach den vorstehenden Ausführungen dürfte kaum anzunehmen sein, daß bei den **Landesregierungen** heutzutage noch **rechtliche** Bedenken gegen die Zulässigkeit des Arbeitszwanges vorliegen. Mit der Begründung zu dem hamburgischen Gesetze muß der Arbeitszwang als eine **armenrechtliche** Maßregel gegen Unterstützte angesehen werden. Sie findet ihre Grundlage in § 8 des Reichsgesetzes über den Unterstützungswohnsitz, der es der Landesgesetzgebung überläßt, über die Art der öffent=

lichen Unterstützung, insbesondere über die Voraussetzungen Bestimmung zu treffen, unter denen die Unterstützung durch Anweisung von Arbeit und Unterbringung in Arbeitshäusern gewährt werden kann. Den Armenverwaltungen steht es daher frei, nur gegen Arbeitsleistung zu unterstützen. Dieses Recht auf die Arbeitskraft der Unterstützten besteht auch dann, wenn der Hilfsbedürftige selbst keinen Anspruch auf Unterstützung erhebt. Denn den Armenverbänden liegt die Aufgabe der Beseitigung der Hilfsbedürftigkeit nicht nur im Interesse des Hilfsbedürftigen selbst, sondern zugleich im Interesse der öffentlichen Ordnung ob, und sie kann nur dann voll erfüllt werden, wenn sie lediglich an die Voraussetzung der Hilfsbedürftigkeit, nicht auch an die weitere Voraussetzung der Inanspruchnahme der Unterstützung durch den Hilfsbedürftigen geknüpft wird. Die Unterstützung des hilfsbedürftigen Arbeitsscheuen durch Unterbringung in einer Arbeitsanstalt kann somit auch **gegen seinen Willen** im Wege des unmittelbaren polizeilichen Zwanges gegen seine Person eintreten oder fortdauern. Als das eigentliche Objekt der Armenpflege gilt in den Fällen, in denen die Ehefrau oder noch nicht selbständige Kinder hilfsbedürftig sind, das **Familienhaupt**. Ihnen wird auch ohne Antrag und selbst gegen den Willen des Familienhauptes Unterstützung gewährt, und damit zugleich das Familienhaupt in der Form der Erfüllung der ihm obliegenden Nährpflicht unterstützt. Die Landesgesetzgebung hat das Recht, die Unterstützung so zu gestalten, daß aus einer solchen, wenngleich nicht beanspruchten, Unterstützung für den Unterstützten die Pflicht erwächst, sich die Verwertung seiner Arbeitskraft durch den Armenverband gefallen zu lassen, damit der Betrag, den der Armenverband aus eigenen Mitteln zur Unterstützung aufwenden muß, vermindert wird. Die Landesgesetzgebung wird durch strafrechtliche Bestimmungen nicht gehindert, polizeiliche Zwangsmittel zur unmittelbaren Beseitigung von Zuständen, die der öffentlichen Ordnung zuwiderlaufen, in Anwendung zu bringen. **Es ist deshalb zur Herbeiführung der Erfüllung der dem Unterstützten obliegenden Arbeitspflicht die Anwendung des Arbeitszwanges als eines notwendigen Zwangsmittels zulässig.** Dagegen dürfen in den landesgesetzlichen Bestimmungen der Zwangsunterbringung im Arbeitshause keine Ziele gesetzt werden, die über diesen Rahmen hinausgehen und mit den Zwecken des Strafvollzuges, insbesondere der in § 362 St.G.B. vorgesehenen Nachhaft im Arbeitshause, sich eng berühren. Das Arbeitshaus ist dem Strafgesetzbuche nicht als Anstalt zur Bestrafung, sondern nur als Besserungsanstalt bekannt. Die Rechtfertigung für die im Verwaltungswege angeordnete Zwangsarbeit darf daher nicht in dem erziehlichen und korrektionellen Charakter der Maßregel gefunden werden. Es darf nicht als Zweck seiner Einführung der erziehliche Erfolg vorangestellt werden, den man sich davon verspricht, daß die mit Arbeitszwang verbundene Einsperrung die davon betroffenen Personen wieder an eine geregelte Tätigkeit gewöhnen und ihnen zugleich als ein so empfindliches Übel erscheinen soll, daß sie nach Entlassung aus dem Arbeitshause, also nach Beendigung der Zwangsmaßregel, zur Vermeidung einer wiederholten Einsperrung arbeitsam sind und ihren Verdienst zur Fürsorge für ihre Familie verwenden. Der Gesichtspunkt, daß sich der armenpolizeiliche Arbeitszwang in der Praxis häufig ähnlich gestaltet, wie die in § 362 St.G.B. geregelte Überweisung in ein Arbeitshaus, und gleichfalls abschreckend und erzieherisch wirkt, ist gegenüber der grundsätzlichen Verschiedenheit beider Maßregeln bedeutungslos. Dieser Unterschied kommt auch dadurch klar zum Ausdruck, daß der armenpolizeiliche Arbeitszwang sofort sein Ende erreicht, sobald die Veranlassung seiner Anwendung, die Notwendigkeit öffentlicher Fürsorge, in Wegfall geraten ist, mag auch der Zwangsinsasse selbst auf die Beendigung der Hilfsbedürftigkeit in keiner Weise hingewirkt haben. Mit den Strafzwecken der Vergeltung und der Besserung ist die Beendigung des Arbeitszwanges aus solchem Anlasse unvereinbar.

Wird landesgesetzlichen Vorschriften über den Arbeitszwang eine Fassung gegeben, die den vorstehenden Bedenken Rechnung trägt, vor allem auch vermeidet, durch Beschränkung auf Personen, denen ein **schuldhaftes Verhalten** zur Last fällt, den Charakter einer Strafvorschrift anzunehmen, so wird die rechtliche Zulässigkeit der Maßregel, ohne daß durch eine solche Fassung ihr praktischer Erfolg beeinträchtigt würde, nicht beanstandet werden können.

5. Verschärfung der Zwangsmaßregeln gegen Arbeitsscheue und gegen säumige Nährpflichtige.

Die erneuten statistischen Erhebungen verstärken die Gründe, die in der Jahresversammlung des Vereins von 1898 dazu geführt haben, **einstimmig** eine Vermehrung der Zwangsmaßregeln gegen die frivole Ausbeutung der Armenpflege zu fordern, um dem tiefgreifenden sozialen Übel **wenigstens einigermaßen** zu steuern. Auch darin war man bereits damals **einer Meinung**, daß für viele Fälle die Einweisung in eine Arbeitsanstalt eine notwendige Maßnahme sei. Ist nun auch der armenpolizeiliche Arbeitszwang rechtlich zulässig, so handelt es sich doch hierbei um eine Maßregel, die einen weitgehenden Eingriff in die persönliche Freiheit enthält. Es würde daher eine entsprechende Strafvorschrift auf dem Gebiete an sich vorzuziehen sein, weil unsere heutigen Rechtsanschauungen dazu neigen, Freiheitsentziehungen nur auf Grund eines Erkenntnisses des ordentlichen Richters zuzulassen. Die Erfahrung, die mit der Anwendung der §§ 361,5 und 10 St.G.B. durch die Gerichte gemacht worden sind, lassen eine Abhilfe auf diesem Wege, selbst bei anderer Wortfassung der Bestimmungen und wesentlicher Verschärfung der angedrohten Strafen, nicht erwarten. Da der Strafrichter in allen Fällen, in denen die gesetzlichen Tatbestandsmerkmale des Delikts vorliegen, verurteilen muß, und das Delikt der Nährpflichtversäumnis unter Umständen sehr strafwürdig ist, unter Umständen auch milder aufgefaßt werden kann, müßten neben hohen auch niedrige Strafen, selbst Haft, vorgesehen werden. Es kann aber nach der vorliegenden Statistik als sicher gelten, daß der Strafrichter beinahe ausnahmslos nur auf die geringen, unwirksamen Strafen erkennen würde; spricht er doch auch jetzt in Fällen des § 361,5 St.G.B. fast nie die Überweisung an die Landespolizeibehörde aus, obgleich sie in den meisten Fällen angebracht wäre, und nutzt er doch auch jetzt die ihm in § 361,10 St.G.B. gegebenen Strafmittel in keiner Weise aus (Haft über eine Woche nur bei 13% und Geldstrafe bei 65% der Verurteilungen!). Es handelt sich eben um Fragen, die aufs engste mit der Ausübung der Armenpflege zusammenhängen, und für die dem Richter die notwendige Erfahrung fehlt, so daß die soziale und wirtschaftliche Seite nicht genügend Berücksichtigung findet. Die Ausnahmestellung, die Bremen einnimmt, hängt mit den besonderen dortigen Verhältnissen, namentlich den engen Beziehungen zwischen Verwaltung und Justiz und dem seltenen Wechsel in dem Richterpersonal, zusammen. Es kann daher leider nicht erwartet werden, daß in den übrigen Großstädten, selbst bei gleich eifriger Tätigkeit der Armenverwaltungen, ein ähnlicher Erfolg zu erzielen wäre. Dazu kommt, daß bei dem gerichtlichen Verfahren ein schnelles Eingreifen zur Unterdrückung des rechtswidrigen Zustandes nicht zu erreichen ist. Abgesehen von der Schwierigkeit der juristischen Feststellung der Unterhaltsfähigkeit des Nährpflichtigen ist dem Angeklagten immer die Möglichkeit gegeben, durch Beweisanträge und durch Ausnutzung des Instanzenzuges die Sache zu verschleppen.

Demgegenüber stehen die günstigen Erfolge, die das Verwaltungszwangsverfahren zu verzeichnen hat, fest. Bei den Verhandlungen im preußischen Abgeordnetenhause über die Aufhebung des preußischen Gesetzes von 1885 erkannte der Minister des Innern ausdrücklich an, daß das Gesetz von eingreifender Bedeutung gewesen sei und nur rein juristische Gründe die Stellungnahme der Regierung leiteten (Stenogr. Berichte S. 595). Über den Erfolg in Württemberg gibt die von Jakstein angeführte Mitteilung des württembergischen Ministers vom Mai 1895 Aufschluß (D.V. 22 S. 15). Auch die statistischen Erhebungen zeigen, daß in den Städten, in denen der armenpolizeiliche Arbeitszwang eingeführt ist, weit tatkräftiger gegen die Nährpflichtsäumigen vorgegangen werden kann. Rückfälle sind naturgemäß auch bei Anwendung des Arbeitszwanges in größerer Zahl zu verzeichnen, zumal da in vielen Fällen die Trinker, wenn sie auch durch die Internierung zeitweilig zu völliger Enthaltsamkeit gezwungen werden, über kurz oder lang wieder in ihr altes Laster verfallen.

Endlich kommt in Betracht, daß mit Rücksicht auf den Verlauf der Verhandlungen des Reichstages im Jahre 1894 eine wesentliche Verschärfung der reichsgesetzlichen Strafbestimmungen wenig aussichtsvoll ist.

Hält man die Einführung des Verwaltungszwangsverfahrens für nötig, so würde an sich im Interesse der Einheitlichkeit der Handhabung des Arbeitszwanges und namentlich zur Durchführung der Vollstreckung des in einem Staate angeordneten Arbeitszwanges in den anderen Bundesstaaten ein Reichsgesetz vorzuziehen sein. Bei der Verschiedenheit des Landesverwaltungsrechts lassen sich aber die erforderlichen Rechtskontrollen, da das Reich einen einheitlichen Verwaltungsorganismus für solche Zwecke nicht hat, nicht gleichartig schaffen. Es dürften daher der Regelung durch Reichsgesetz unüberwindliche Schwierigkeiten entgegenstehen.

Die Einführung des Arbeitszwanges durch Landesgesetz ist daher das einzige empfehlenswerte Mittel, das helfen kann. Umgibt der Gesetzgeber das Verwaltungsverfahren zum Schutze gegen mißbräuchliche Anwendung in ähnlicher Weise, wie es in Hamburg geschehen ist, mit den nötigen Kautelen, so liegen wesentliche Bedenken gegen seine Einführung nicht vor. Vor allem darf die Entscheidung nicht in der Hand eines einzelnen Beamten der Armenverwaltung liegen, der zudem Kläger und Richter in einer Person sein würde, sondern muß einem förmlichen Gericht, entweder einer bestehenden Verwaltungsbehörde oder besser noch einer nach bestimmten Voraussetzungen zusammengesetzten Kommission, übertragen werden. Für die Mitwirkung von Mitgliedern der Armenverwaltung wäre Sorge zu tragen. Die Entscheidung muß auf Grund **mündlicher Verhandlung** erfolgen, in der derjenige, gegen den das Verfahren sich richtet, das Recht hat, zu erscheinen und sich zu äußern. Auch das Beschwerderecht — jedoch ohne aufschiebende Wirkung — muß ihm eingeräumt werden. Gewiß wird ein derartiges förmliches Verfahren einer glatten Durchführung manchmal hindernd im Wege stehen, aber es kann um so weniger entbehrt werden, als das Landesgesetz zur Vermeidung einer Kollision mit dem Strafrecht eine allgemeine Fassung wählen muß und die Schuldfrage nicht einmal streifen darf. Die **Individualisierung** muß daher durch Ausführungsvorschriften, sowie durch die Zusammensetzung der Entscheidungsbehörde und durch das Verfahren vor derselben genügend gesichert sein. Empfehlenswert ist die im hamburgischen Gesetze enthaltene Beschränkung auf die Fälle, in denen die Hilfsbedürftigkeit nicht durch vorübergehende Umstände verursacht ist. Daß der Arbeitszwang gegen die Personen, die durch **Arbeitsscheu und Müßiggang sich selbst** in einen Zustand der Hilfsbedürftigkeit gebracht haben, keine zu harte Maßregel ist, bedarf keiner Ausführung. Ohne Arbeitszwang können diese Arbeitsscheuen, sobald sie nur auf Unterstützung verzichten, nicht gehindert werden, ihr lasterhaftes Leben fortzusetzen. Sie kommen immer mehr herunter, werden immer hilfsbedürftiger, lassen sich aber von der Behörde stets nur so lange beköstigen, wie sie völlig arbeitsunfähig sind, oder es ihnen behagt, zu arbeiten. Paßt es ihnen nicht mehr, so beantragen sie ihre Entlassung aus dem Armenhause, die ihnen sofort gewährt werden muß. Dieses Recht ihnen zu nehmen, kann im öffentlichen Interesse nur erwünscht sein. Soweit jemand nicht für seine eigene Person unterstützt werden muß, wird sich die Anwendung des Arbeitszwanges naturgemäß auf säumige Nährpflichtige beschränken, da nur bei solcher mißbräuchlichen Inanspruchnahme der Armenpflege der Arbeitszwang sich als angemessene Verwertung der Arbeitskraft des Unterstützten darstellt. Hier wird nun vielfach der Einwand erhoben, der Arbeitszwang könne nur für solche Individuen in Betracht kommen, die **nicht arbeiten und nicht arbeiten wollen**, sei aber gegen in Arbeit Stehende eine sozial und wirtschaftlich bedenkliche Maßregel. Auch treffe bei weitem nicht alle Ehemänner, die ihre Familie verlassen, die Hauptschuld an der Zerrüttung des Familienlebens; es seien viele Fälle denkbar, in denen der Mann zu entschuldigen sei. Die Ursache der Versäumnis der Nährpflicht, der innere Beweggrund dafür, sei überhaupt schwer zu ergründen und entziehe sich deshalb meist zuverlässiger Feststellung. Zudem verfehle das Arbeitshaus dann seine Wirkung, wenn die Ehe derart zerrüttet sei, daß die Wiedervereinigung der Ehegatten im Interesse der Frau oder des Mannes nicht einmal zu wünschen sei. Dem ist entgegenzuhalten, daß nach der Statistik von 1896/97 die Hauptursachen der Eheverlassung Trunksucht und Müßiggang des Ehemannes sind, daß übrigens ohne Rücksicht auf den Grund der Ehetrennung der Mann stets schuldhaft handelt, der seine Kinder dem Elend preisgibt. Alleinstehende eheverlassene Frauen erhalten aber, wie die Statistik ergibt, nur sehr selten Armenunterstützung; hier wird gewiß große Vorsicht anzuwenden sein. Tatsächlich wird nur selten der Arbeitszwang angewendet, wenn nur die Frau unterstützt wird. Es gibt aber Männer, die ihre kränkliche Frau gerade wegen ihres Leidens grundlos verlassen, ohne sich irgendwie um sie zu kümmern, und im ehebrecherischen Konkubinat leben. Für sie ist der Arbeitszwang durchaus angebracht. Die Trennung der Ehe erfolgt häufig aus so geringfügigen Ursachen, daß auf eine Wiedervereinigung der Ehegatten hinzuwirken ist. Ist aber die Ehe völlig zerrüttet, so wird von dem Ehemanne die Rückkehr zu seiner Frau gar nicht verlangt, sondern nur die berechtigte Forderung erhoben werden, daß er nach Kräften zu dem Unterhalte seiner Kinder beisteure. Selbst solche Fälle lassen sich denken, in denen die Nährpflichtversäumnis gegen die eigenen Kinder die Anwendung des Arbeitszwanges nicht rechtfertigt. Nicht selten kommt es vor, daß der Mann, der mit Recht sich von seiner Frau getrennt hat, im Konkubinat lebt, und für die aus dieser Verbindung hervorgegangenen Kinder in jeder Beziehung sorgt, aber nicht in der Lage ist, daneben für seine ehelichen Kinder etwas zu tun. Ist auch das Verhalten eines solchen Mannes nicht einwandfrei, so würde es doch verfehlt sein, gegen ihn den Arbeitszwang zu verhängen. Es kommt alles auf die individualisierende Behandlung der Fälle an. In den meisten Fällen wird aber bei Versäumnis der Nährpflicht die Anordnung des Arbeitszwanges keine zu harte, zu einschneidende Maßregel sein, gehört es doch zu den ersten und heiligsten Pflichten, für Weib und Kind zu sorgen.

Der Kreis der Angehörigen, deren Unterstützung die Anwendung des Arbeitszwanges gegen das nährpflichtige Familienhaupt in geeigneten Fällen begründet erscheinen läßt, dürfte in dem hamburgischen Gesetze zutreffend bestimmt sein. Es kann daher auf die eingehenden Ausführungen zu dieser Vorschrift verwiesen werden. Es empfiehlt sich, bei der Unterstützung von Kindern die Vollendung des 16. Lebensjahres als Altersgrenze festzusetzen, bis zu der die Unterstützung des Kindes als die des Familienhauptes anzusehen ist; mit Erreichung des 14. Lebensjahres ist die Hilfsbedürftigkeit nicht immer gehoben, selbst die Schulpflicht dauert oft länger. Mit dem genannten Zeitpunkte dagegen tritt die armenrechtliche Selbständigkeit des Kindes ein (vgl. auch § 1708 B.G.B.). Unbedingt zu vermeiden ist die Beschränkung der Zulässigkeit des Arbeitszwanges auf die Personen, die in der Person der ihren Unter=

stützungswohnsitz teilenden Angehörigen unterstützt werden, d. h. die Anwendung des Grundsatzes der armenrechtlichen Familieneinheit im Sinne des Unterstützungswohnsitzgesetzes auf den Arbeitszwang. Das würde einmal zur Folge haben, daß der Arbeitszwang in vielen Bundes=staaten auf Ausländer keine Anwendung fände, weil ihnen gegenüber die Vorschriften des Reichsgesetzes über die armenrechtliche Familien=gemeinschaft keine Geltung haben. Vor allem aber würde in zahlreichen Fällen auf Grund der §§ 17 ff. U.W.G. der Arbeitszwang gegen den sich der Unterhaltspflicht entziehenden Vater und Ehemann nicht verhängt werden können; denn hiernach teilen den Unterstützungswohnsitz mit ihm nicht:

I. die getrennt lebende Ehefrau, die von ihrem Manne keine Beihilfe zum Unterhalt empfängt, wenn und so lange
   1. der Mann ausdrücklich mit der Trennung einverstanden ist, oder
   2. die Ehefrau befugt getrennt lebt, d. h. wenn sie berechtigt ist, auf Scheidung zu klagen, oder wenn sich das Verlangen des Ehemannes auf Herstellung der ehelichen Gemeinschaft als Miß=brauch seines Rechts darstellt,
II. die ehelichen Kinder,
   1. falls sie in den Fällen zu I 1 und 2 bei der Trennung vom Hausstande des Vaters der Mutter gefolgt sind,
   2. falls bei Scheidung der Ehe der Ehemann für den schuldigen Teil erklärt ist, insoweit der Mutter das Erziehungsrecht zusteht.

In sehr vielen Fällen, in denen die Eheleute getrennt leben oder die Ehe geschieden ist, treffen diese Bestimmungen zu, so daß der Ehemann nicht als das mittelbar unterstützte Familienhaupt gelten würde. Da gerade hier der Ehemann der Hauptschuldige ist, würde die Ausschließung aller dieser Fälle das Interesse an der Einführung des Arbeitszwanges stark beeinträchtigen. Das Reichsgesetz über den Unterstützungswohnsitz zwingt nicht dazu, den Arbeitszwang von der armenrechtlichen Familien=einheit abhängig zu machen, die darauf beruht, daß die Familie noch eine wirtschaftliche Gemeinschaft bildet. Diese Grundsätze sind vielmehr lediglich für die Feststellung der Einheitlichkeit des Unterstützungswohnsitzes und damit des endgültigen Trägers der Armenlast von Bedeutung. Das Landesrecht, das abgesehen von der Freizügigkeit und dem Unterstützungs=wohnsitze auf dem Gebiete des Armenwesens nach Artikel 3 und 4 der Reichsverfassung durch reichsgesetzliche Bestimmungen nicht beschränkt ist, ist nicht behindert, im übrigen dem Begriffe der mittelbaren Unterstützung des Familienhauptes statt der tatsächlichen, wirtschaftlichen Seite allein das rechtliche Verhältnis zu grunde zu legen.

Ein entschiedener Mangel liegt darin, daß der armenpolizeiliche Arbeitszwang auf die pflichtvergessenen Eltern nicht ausgedehnt werden kann, deren Kinder der Zwangserziehung (Fürsorgeerziehung) überwiesen sind, sofern diese landesgesetzlich als armenrechtliche Maßregel nicht an=gesehen wird.

Gegen den Arbeitszwang wird weiter eingewendet, daß dadurch die Rechtsgleichheit aller Bürger aufgehoben und der Arme, weil er arm

ist, rechtlich anders behandelt werde. Da es sich um eine armen=
polizeiliche Maßregel handelt, der Fall auch gerade durch die Inanspruchnahme
öffentlicher Mittel in besonderem Maße öffentliches Interesse gewinnt, ist
allerdings die armenrechtliche Hilfsbedürftigkeit die notwendige Voraus=
setzung. Der Nährpflichtsäumige, gegen den der Arbeitszwang angewendet
wird, ist aber selbst nicht arm, ist für seine Person gar nicht armenrecht=
lich hilfsbedürftig, sondern steht vielmehr durchweg in gutem Verdienst,
von dem er nur für seine Familie nichts abgeben will.

Die Schwierigkeit, über die Dauer des Arbeitszwanges unter
Vermeidung einer Kollision mit dem Strafrecht eine Bestimmung zu
treffen, ist in dem hamburgischen Gesetze glücklich gelöst.

Von den Gegnern des Arbeitszwanges wird noch der zuchthausähnliche
Charakter der Zwangsarbeitsanstalt hervorgehoben, wobei man auf die
Prügelstrafe in Leipzig als zulässiges Disziplinarmittel hinweist. Ab=
gesehen davon, daß diese, wie oben angeführt ist, tatsächlich seit Jahren
nicht mehr angewendet worden ist, kann durch geeignete Verwaltungs=
vorschriften die Arbeitsanstalt ähnlich einem Armenhause derartig ein=
gerichtet werden, daß das erhobene Bedenken hinfällig wird.

Ist der armenpolizeiliche Arbeitszwang auch eine zweckmäßige und er=
folgreiche Maßregel, so halten sich seine Wirkungen doch in gewissen
Grenzen. Er kann natürlich nicht die Pflichtvergessenheit der Väter und
Ehemänner aus der Welt schaffen, auch nicht ein derartiges Vorgehen
gegen sie ermöglichen, daß ihre Pflichtversäumnis überhaupt keine wesent=
lichen nachteiligen Folgen mehr hat. War doch nach der Statistik in den
Jahren 1896/97 allein bei 41,8 % der pflichtvergessenen Ernährer der
Aufenthalt nicht zu ermitteln. Bei der in Hamburg am 1. Dezember 1905
gleichzeitig mit der Volkszählung erfolgten statistischen Erhebung über die
Armenparteien hat sich ergeben, daß von 1033 Ehemännern, deren getrennt
lebende Ehefrauen unterstützt wurden, bei 453 = 43,83 % der Aufent=
halt nicht zu ermitteln war; 72 Männer = 6,97 % hielten sich im Aus=
lande auf, und weitere 130 = 12,58 % befanden sich in Anstaltspflege.
Es blieben also von den 1033 nur 378 Männer = 36,6 % übrig, gegen
die größtenteils das auf Arbeitszwang gerichtete Verfahren hätte eingeleitet
werden können.

Von denen, deren Aufenthalt bekannt ist, können sich während des
Verfahrens noch manche durch die Flucht der Zwangsvollstreckung dauernd
entziehen. Die Vollstreckung des Arbeitszwanges kann nämlich an sich
nur in dem Bundesstaate erfolgen, in dem er angeordnet ist, da über seine
Grenzen hinaus die Macht des Landesgesetzes nicht reicht. Allerdings
kann in manchen Fällen die Überführung des in einem anderen Bundes=
staate aufhältlichen Familienhauptes von dem auswärtigen Armenverbande
auf Grund § 32 U.W.G. verlangt werden, nämlich nach feststehender
Rechtsprechung des Bundesamtes (vgl. insbesondere Entsch. Bd. 24 S. 160)
stets dann, wenn das Familienhaupt mittelbar in der Person der seinen
Unterstützungswohnsitz teilenden Angehörigen am Sitze des end=
gültig fürsorgepflichtigen Armenverbandes dauernd unterstützt wird, selbst
wenn er an seinem Aufenthaltsorte für seine Person keine Unterstützung

empfängt. Dieser Weg wird denn auch mit Erfolg in den Bundesstaaten, in denen der Arbeitszwang eingeführt ist, eingeschlagen, er versagt aber in den oben angeführten zahlreichen Fällen, in denen es sich nicht um das Familienhaupt im armenrechtlichen Sinne handelt. In solchen Fällen kann weder gegen das auswärts wohnhafte, noch gegen das erst infolge Einleitung des Arbeitszwangsverfahrens nach auswärts gezogene Familienhaupt mit Erfolg eingeschritten werden.

Abgesehen von der Auslieferung auf Grund der Bestimmung des Unterstützungswohnsitzgesetzes wird eine solche im Wege der Rechtshilfe jedenfalls in den Staaten unzulässig sein, in denen der Arbeitszwang nicht eingeführt ist. Aus Württemberg wird berichtet, daß badische Polizeibehörden auf unmittelbares Ersuchen oder auf Ausschreiben die Personen, über die der Arbeitszwang in Württemberg verfügt wurde, an die württembergische Grenzpolizeibehörde zur Vollstreckung der Maßregel abgeliefert haben. Preußen dagegen lehnt die Rechtshilfe ab, und der preußische Minister des Innern hat auf die Beschwerde eines Eingewiesenen gegen den Magistrat Dessau dahin entschieden, daß eine derartige Überführung mit den Landesgesetzen nicht im Einklang stände (vgl. auch Art. 5 der preußischen Verfassungsurkunde und den Artikel im preußischen Verwaltungsblatt XXX S. 511). Namentlich in den Bundesstaaten mit eng begrenztem Gebiet wird daher die Durchführung des Zwangsverfahrens vielfach ausgeschlossen sein. Dieser Mangel läßt sich auch kaum durch Aufnahme einer Bestimmung in das Gesetz über den Unterstützungswohnsitz heben, die die Bundesstaaten zur Rechtshilfe verpflichten würde, weil für solche Staaten, in denen der Arbeitszwang nicht besteht, eine solche Bestimmung sich kaum rechtfertigen würde. Dagegen werden sich wohl nach weiterer Ausdehnung des Arbeitszwanges im Wege des Staatsvertrages Abkommen über gegenseitige Rechtshilfe durch Auslieferung treffen lassen.

Nach alledem leidet der armenpolizeiliche Arbeitszwang und seine Durchführung an gewissen Mängeln. Aber, alles in allem betrachtet, ist er bei Anwendung in den gezogenen Grenzen eine notwendige Zwangsmaßregel, die weit mehr als das Strafverfahren geeignet ist, abgesehen von den unmittelbar von der Maßregel getroffenen Personen, im Volke die Auffassung von der sittlichen Notwendigkeit der Aufrechterhaltung der Ehe und von dem Ernste der durch die Ehe begründeten Familienpflicht zu stärken.

Wird der armenpolizeiliche Arbeitszwang auch in den Bundesstaaten, in denen er bisher nicht besteht, durch Landesgesetz eingeführt, was als eine dringende Notwendigkeit zu bezeichnen ist, so bedarf es nicht unbedingt der Verschärfung der Strafvorschriften. Es empfiehlt sich deshalb die Beschränkung auf die erstgenannte Forderung, die dadurch an Gewicht gewinnt. Durch die allgemeine Einführung des Arbeitszwanges werden sich die schweren sozialen Mißstände mit mehr Erfolg, als bisher, bekämpfen lassen. Hiernach wird folgender Leitsatz zur Annahme empfohlen:

Der Deutsche Verein für Armenpflege und Wohltätigkeit erachtet die Überweisung in eine geschlossene Anstalt mit Arbeitszwang im Wege eines gegen Mißbrauch zu schützenden Verwaltungsverfahrens als das geeignete Zwangsmittel gegen Arbeitsscheu und Versäumnis der Nährpflicht von Eltern gegenüber ihren Kindern unter 16 Jahren und von Ehemännern gegenüber ihren Ehefrauen und empfiehlt deshalb bringend, daß durch Landesgesetze der armenpolizeiliche Arbeitszwang in allen Bundesstaaten, in denen er noch nicht besteht, zur Einführung gelange.

Anhang.

I.
Reichsstrafgesetzbuch.

§ 361, 5. Mit Haft wird bestraft, wer sich dem Spiel, Trunk oder Müßiggang dergestalt hingibt, daß er in einen Zustand gerät, in welchem zu seinem Unterhalte oder zum Unterhalte derjenigen, zu deren Ernährung er verpflichtet ist, durch Vermittlung der Behörde fremde Hilfe in Anspruch genommen werden muß.

§ 361, 7. Mit Haft wird bestraft, wer, wenn er aus öffentlichen Armenmitteln eine Unterstützung empfängt, sich aus Arbeitsscheu weigert, die ihm von der Behörde angewiesene, seinen Kräften angemessene Arbeit zu verrichten.

§ 361, 10. Mit Haft wird bestraft, wer, obschon er in der Lage ist, diejenigen, zu deren Ernährung er verpflichtet ist, zu unterhalten, sich der Unterhaltspflicht trotz der Aufforderung der zuständigen Behörde derart entzieht, daß durch Vermittelung der Behörde fremde Hilfe in Anspruch genommen werden muß.

Statt der Haft kann auf Geldstrafe bis zu 150 Mark erkannt werden.

§ 362. Die nach Vorschrift des § 361, Nr. 3 bis 8 Verurteilten können zu Arbeiten, welche ihren Fähigkeiten und Verhältnissen angemessen sind, innerhalb und, sofern sie von andern freien Arbeitern getrennt gehalten werden, auch außerhalb der Strafanstalt angehalten werden.

Bei der Verurteilung zur Haft kann zugleich erkannt werden, daß die verurteilte Person nach verbüßter Strafe der Landespolizeibehörde zu überweisen sei.

II.
Preußisches Gesetz vom 21. Mai 1855, Art. 11—14,
betreffend die Ergänzung des Gesetzes vom 31. Dezember 1842 über die Verpflichtung zur Armenpflege.

Art. 11. Solchen Personen, welche arbeitsfähig sind, gleichwohl aber, nach Verlust ihrer bisherigen Wohnung, binnen einer von der Ortspolizeibehörde ihnen gestellten Frist sich eine andere Wohnung nicht verschafft haben, kann, insofern denselben durch polizeiliche Veranstaltung ein Obdach verschafft werden muß, für die Dauer der Obdachlosigkeit der Aufenthalt in einer Arbeitsanstalt angewiesen werden.

Art. 12. Auch solche Personen, welche die Armenpflege in Anspruch nehmen, sich aber weigern, für die ihnen gewährte Unterstützung die ihnen von der Obrigkeit, sei es im Orte oder auswärts, angewiesene, ihren Kräften angemessene Arbeit ordnungsgemäß zu verrichten, können, solange sie der Unterstützung bedürfen und bei ihrer Weigerung beharren, in einer Arbeitsanstalt untergebracht werden.

Art. 13. Läßt ein Ehemann seine Ehefrau — ein Vater, oder wenn der Vater tot oder verschollen ist, eine Mutter die ehelichen, noch nicht 14 Jahre alten Kinder — oder eine Mutter ihre unehelichen Kinder eben dieses Alters, der gesetzlichen Verpflichtung zuwider, dergestalt hilflos, daß diese Angehörigen der Armenpflege anheimfallen, so kann eine solche Person, falls sie die Armenpflege nicht in Anspruch genommen und deren Notwendigkeit nicht nachgewiesen hat, sobald der Versuch fruchtlos geblieben ist, sie im Verwaltungs= oder gerichtlichen Wege zur Unterstützung jener Angehörigen exekutivisch anzuhalten, auf solange, als das Bedürfnis der Armenverpflegung für die Angehörigen fortdauert, in einer Arbeitsanstalt untergebracht werden.

Art. 14. In den in den Art. 11 bis 13 gedachten Fällen erfolgt die Überweisung an die Arbeitsanstalt auf Antrag des Vorstandes des Armenverbandes durch Anordnung des Landrats. In solchen Städten, die weder in Kommunal= noch in Polizeiangelegenheiten der Aufsicht des Landrats unterworfen sind, oder die eine eigene Arbeitsanstalt besitzen, steht diese Anordnung dem Gemeindevorstande (Magistrat, Bürgermeister) zu.

Die Anordnung erfolgt durch sofort vollstreckbares Resolut, gegen welches jedoch der Rekurs im geordneten Instanzenzuge zulässig ist.

III.
Zusammenstellung der landesrechtlichen Bestimmungen über den armenpolizeilichen Arbeitszwang.

1. Königreich Sachsen.
Armenordnung für das Königreich Sachsen vom 22. Oktober 1840.

§ 2, Nr. 1. Die Zwecke der die öffentliche Armenpflege betreffenden Anstalten und Vorkehrungen sind: 1. der Verarmung einzelner Individuen, soviel möglich, zuvorzukommen, ...

§ 27. Der Zwang des arbeitsscheuen Armen zur Arbeit gehört zum Beruf der Polizeibehörden, mit denen sich deshalb die Armenbehörden, wo sie von ersteren verschieden sind, zu vernehmen haben.

Abgeändertes Regulativ für die Städtische Arbeitsanstalt Leipzig vom 15. April 1896.

§ 1. Die Zwangsarbeitsanstalt zu St. Georg dient
a) zur Unterbringung, angemessenen Beschäftigung und sittlichen Besserung arbeitsscheuer, der Trunksucht oder liederlichem Lebenswandel ergebener Personen, welche die Gewährung öffentlicher Armenunterstützung, sei es an sich selbst, sei es an ihre Angehörigen, zu deren Erhaltung bzw. Miterhaltung sie verpflichtet sind, notwendig machen; ...

Bei Personen der unter a gedachten Art, welche in hiesiger Stadt ihren Unterstützungswohnsitz nicht haben, ist vor der Einlieferung in die Zwangsarbeitsanstalt in Erwägung zu ziehen, ob ihre Wegweisung aus hiesiger Stadt nicht zweckmäßiger erscheint.

§ 2. Die Einlieferung der in § 1 unter a gedachten Person erfolgt auf Beschluß des Rates der Stadt Leipzig (Armenamtes), dem auch die Entschließung wegen Entlassung der betreffenden Person aus der Anstalt zusteht.

§ 3. Die Einlieferung der in § 1 unter a gedachten Personen erfolgt auf unbestimmte Zeit. Die Zurückhaltung derselben in der Anstalt hat in der Regel so lange anzudauern, bis der Hauptzweck der Einlieferung, die Betreffenden zu bessern, das heißt sie an Arbeit zu gewöhnen und zu einer geordneten, geregelten Lebensweise anzuhalten und zu erziehen bzw. sie willig zu machen, der Pflicht der Ernährung ihrer Familienglieder nachzukommen, erreicht scheint. Bei Beurteilung der Frage, ob dies der Fall ist, ist vor allem die Führung des Detinierten in der Anstalt und bei Rückfälligen die Führung nach der erstmaligen Entlassung in Berücksichtigung zu ziehen. Der bloße Nachweis, daß der Detinierte auch außerhalb der Anstalt in Arbeit treten kann, begründet für sich allein keinen Anspruch auf Entlassung.

Über den Zeitpunkt der Entlassung entscheidet die Einlieferungsbehörde nach Gehör der Anstaltsverwaltung. Sie hat alsbald bei der Einlieferung zu bestimmen, binnen welcher Frist ihr von letzterer zu diesem Behufe über die Führung des Detinierten Bericht zu erstatten ist. In der Regel ist dieser Bericht ein Vierteljahr nach geschehener Einlieferung, zum mindesten aber nach Ablauf eines Jahres und bei fernerer Detention mindestens alljährlich zu erstatten. Der Anstaltsverwaltung bleibt unbenommen, auch zu einem früheren Zeitpunkt, als ihr aufgegeben worden, die Berichterstattung vorzunehmen, sobald ihr die Entlassung des Detinierten unbedenklich erscheint. Bei Personen der in § 1 unter a gedachten Art, welche wegen ihres Alters oder ihres körperlichen Zustandes überhaupt nicht mehr in der Lage sind, sich selbst Unterkommen und Erwerb außerhalb der Anstalt zu verschaffen, aber doch auch nicht einer wirklichen Krankenpflege bedürfen, kann die weitere Berichterstattung unterbleiben.

Die Einlieferungsbehörde kann bestimmen, daß die zur Entlassung Gelangenden zunächst nur auf eine längere, von ihr festzusetzende Zeit, jedoch nicht über sechs Monate, aus der Anstalt beurlaubt werden. Die Anstaltsverwaltung hat das Recht, derartige vorläufig Beurlaubte von Zeit zu Zeit vorzuladen und sich darüber zu vergewissern, daß die Führung derselben außerhalb der Anstalt eine gute ist. Detinierte, welche sich während der Urlaubszeit von neuem dem Müßiggang, dem Trunke oder liederlichem Lebenswandel ergeben, sind ohne weiteres wieder in die Anstalt einzuliefern. Erfolgt eine Wiedereinlieferung während der Urlaubszeit nicht, so ist nach deren Ablauf der Detinierte definitiv zu entlassen.

Die Verwaltungsordnung für die städtische Arbeitsanstalt in Dresden vom 17. Dezember 1889, abgeändert und ergänzt am 22. März 1892.

§ 1. Art und Zweck der Anstalt.

Die Arbeitsanstalt ist eine geschlossene Armenanstalt mit Zwang zur Arbeit; sie hat die Aufgabe,

a) solche Personen, welche die Notwendigkeit der Gewährung öffentlicher Unterstützung an sich selbst oder an solche Angehörige, zu deren Unterhaltung sie verpflichtet sind, verursacht haben, an eine Lebensweise zu gewöhnen, welche sie fähig und geneigt macht, nach wiedererlangter Freiheit sich und jene Angehörigen durch Arbeit selbständig zu unterhalten (§ 2).

§ 2. Gründe der Einlieferung in die Anstalt.

In die Arbeitsanstalt werden aufgenommen:

a) Personen, welche durch Müßiggang, Liederlichkeit, Trunksucht und Händelsucht hilfsbedürftig geworden sind und entweder selbst um die Aufnahme nachsuchen

Zwangsmaßregeln gegen Arbeitsscheue und gegen säumige Nährpflichtige. 47

ober von der Wohlfahrts- oder Sicherheitspolizei dem Armenamte zur Aufnahme empfohlen werden;
b) liederliche, trunksüchtige, arbeitsscheue, jedoch arbeits- und erwerbsfähige Personen, welche öffentliche Unterstützung begehren, zu denen auch solche Personen zählen, welche wegen Krankheiten, die sie sich durch Trunksucht oder geschlechtliche Ausschweifungen zugezogen, in Krankenhäusern für Rechnung des Armenverbandes Dresden zu verpflegen sind, ohne daß die Kurkosten von ihnen, ihren Angehörigen oder Dritten zurückerstattet werden;
c) diejenigen Väter und Mütter, denen wegen Liederlichkeit, Trunksucht, schlechten Verhaltens gegen ihre Kinder oder aus sonstigen selbstverschuldeten Gründen ihre Kinder, zu deren Unterhalt sie gesetzlich verpflichtet sind, polizeilich entnommen und auf öffentliche Kosten erzogen werden müssen;
d) diejenigen Väter und Mütter, welche sich weigern oder unterlassen, für den Unterhalt und die Erziehung ihrer Kinder selbst zu sorgen, obschon ihre Vermögensmittel oder Arbeitskräfte, wenn auch nur teilweise, dazu hinreichen, dafern in dessen Folge ihre Kinder auf öffentliche Kosten unterhalten und erzogen werden müssen;
e) diejenigen natürlichen Väter, welche es unterlassen, den ihnen gesetzlich obliegenden und richterlich festgesetzten oder mit ihnen vereinbarten Beitrag zum Unterhalt des von ihnen außerehelich gezeugten Kindes zu bezahlen, obschon ihre Vermögensmittel oder Arbeitskräfte dazu hinreichen, dafern in dessen Folge das Kind auf öffentliche Kosten unterhalten und erzogen werden muß;
f) Ehegatten, welche, obschon sie Vermögensmittel oder Arbeitskraft besitzen, sich weigern oder unterlassen, für die Unterhaltung ihrer mittellosen und dabei beschränkt erwerbsfähigen oder gänzlich erwerbsunfähigen Ehegatten selbst zu sorgen, so daß diese der öffentlichen Armenversorgung anheimfallen;
und zwar in den Fällen unter c, d, e und f, dafern der diesfallsige Aufwand von ihnen nicht eingebracht werden kann.

§ 3. Voraussetzung hinsichtlich der Person des Einzuliefernden.

In die Arbeitsanstalt werden aufgenommen:
a) in Dresden unterstützungswohnsitzberechtigte Personen;
b) Landarme, wenn und insoweit der sächsische Landarmenverband des Armenamtes zu Dresden als seines Organs sich bedient;
c) vorübergehend auch auswärts unterstützungswohnsitzberechtigte Personen, wenn auf Grund § 28 des Reichsgesetzes über den Unterstützungswohnsitz die Fürsorgepflicht für den Dresdner Ortsarmenverband eintritt.

Ausgeschlossen von der Aufnahme sollen sein:
Personen, welche das 14. Lebensjahr noch nicht erfüllt haben, Kranke, sowie Schwangere, welche ihrer Entbindung nahe sind, Mütter, solange deren Säuglinge noch nicht von ihnen getrennt werden können.

§ 6. Aufnahme in die Anstalt.

Die Aufnahme in die Arbeitsanstalt kann nur auf Grund einer vom Armenamte ausgestellten Aufnahmeverordnung erfolgen.

§ 18. Beschwerden.

Einwendungen und Beschwerden gegen Zuführung in die Anstalt sind dem Armenamte zur nächsten Entschließung anzuzeigen, dafern sie aber durch diese Entschließung sich nicht erledigen, der Königlichen Kreishauptmannschaft Dresden zur Entscheidung einzuberichten.

§ 60. Detentionsdauer.

Häuslinge, deren Einlieferung auf Grund von a bis c in § 2 dieser Verwaltungsordnung erfolgt, sollen bei der erstmaligen Unterbringung mindestens drei Monate lang, und wenn sie ein zweites Mal aufzunehmen sind, wenigstens sechs

Monate lang detiniert werden. Die Detention kann geeigneten Falles bis auf zwei Jahre ausgedehnt werden.

Unterhaltspflichtige Häuslinge sollen entlassen werden, wenn sie ernsten Willen bekunden, daß sie die ihnen obliegenden Verpflichtungen gegen ihre Angehörigen, deren Versäumung den Grund ihrer Einlieferung abgab, erfüllen werden.

In der Regel ist von dem Häusling vor Entlassung die Beibringung des Nachweises eines gesicherten Wohnungs- und Arbeitsunterkommens zu erfordern.

§ 61. **Entlassung der Häuslinge und Verfahren bei derselben.**

Die Entlassung eines Häuslings wird regelmäßig vom Armenamte mittelst Entlassungsverordnung an den Direktor der Anstalt verfügt. Vom letzteren ist jede Entlassung eines Häuslings der Königlichen Polizeidirektion zu Dresden und dem Armenamte anzuzeigen.

Zur Sicherung des ehrbaren Fortkommens eines Häuslings ist der Anstaltsdirektor mit Genehmigung des Armenamtes in geeigneten Fällen zu dessen Beurlaubung auf unbestimmte Zeit befugt.

§ 64. **Weiteres Verfahren bei der Entlassung.**

Entlassungen sollen nicht an oder unmittelbar vor solchen Tagen erfolgen, an denen nach § 27 Urlaub nicht erteilt wird.

Jeder Häusling wird bei der Entlassung vom Direktor vor dem Rückfalle verwarnt, und es ist dies in dem betreffenden Personalaktenstück zu bemerken. Erfolgte die Entlassung nur urlaubs- oder bedingungsweise, so kann der Entlassene zur Fortsetzung der Detention wieder eingezogen werden, wenn er die Bedingung und Voraussetzung der Entlassung nicht erfüllt und sich neuerdings einem liederlichen, trunksüchtigen, arbeitsscheuen Lebenswandel ergibt. Die Entschließung über die Wiedereinziehung vom Urlaub erfolgt unterhaltspflichtigen Personen gegenüber vom Armenamte, in anderen Fällen durch den Anstaltsdirektor.

Regulativ für die städtische Arbeitsanstalt zu Chemnitz vom 28. Februar 1905.

§ 1. Die Arbeitsanstalt ist eine geschlossene Armenanstalt und bestimmt zur Unterbringung, angemessenen Beschäftigung und sittlichen Besserung
 a) derjenigen arbeitsscheuen, der Trunksucht oder liederlichem Lebenswandel ergebenen Personen, die infolge ihres Lebenswandels mittellos bzw. obdachlos geworden und der öffentlichen Unterstützung anheimgefallen sind, oder deren Aufnahme mit Rücksicht auf ihre Mittellosigkeit bzw. Obdachlosigkeit vom Polizeiamte beantragt wird;
 b) derjenigen Personen, die sich ungerechtfertigter Weise weigern oder es unterlassen, für ihre unterhaltsberechtigten Angehörigen zu sorgen;
 c) derjenigen Väter und Mütter, denen aus selbstverschuldeten Gründen ihre Kinder entnommen und auf öffentliche Kosten erzogen werden müssen.

Zu den unter a am Schlusse genannten Personen gehören auch diejenigen, welche wegen Krankheiten, die sie sich durch Trunksucht oder geschlechtliche Ausschweifungen zugezogen haben, in Krankenhäusern für Rechnung des Armenverbandes Chemnitz zu verpflegen sind, ohne daß die Kurkosten von ihnen, ihren Angehörigen oder Dritten erstattet werden.

§ 2. Die Einweisung erfolgt durch den Rat (Versorgamt).

§ 3. Die Einweisung erfolgt auf unbestimmte Zeit.

Der Hauptzweck bei der Unterbringung besteht darin, die Personen zu bessern, das heißt sie an Arbeit und an eine ordentliche geregelte Lebensweise zu gewöhnen, in sittlicher Beziehung auf sie erzieherisch einzuwirken und sie fähig und willig zu machen, nach der Entlassung sich und ihre Angehörigen durch Arbeit selbständig zu erhalten. Die Zurückhaltung hat deshalb in der Regel so lange anzudauern, bis dieser Zweck erreicht ist.

§ 4. Das Nähere über Einweisung und Entlassung, Behandlung, Beschäftigung, Verpflegung und das Verhalten der in der Anstalt untergebrachten Personen ist in der Hausordnung bestimmt.

2. Oldenburg.

Art. 2 und 4 des Gesetzes für das Herzogtum Oldenburg vom 14. März 1870, betreffend die Zwangsarbeitsanstalt zu Vechta.

Es können in die Zwangsarbeitsanstalt u. a. verwiesen werden:

a) Trunkenbolde, welche infolge des Lasters des Trunkes entweder wiederholt öffentliches Ärgernis erregt haben oder den Hausfrieden ihrer Familie zerstören;

b) Personen, welche auf Kosten der Gemeinde bei anderen untergebracht sind und sich wiederholt geweigert haben, die Anweisung des Annehmers zur Verrichtung von ihren Kräften angemessenen Arbeiten zu befolgen oder ihren Annehmern wiederholt entlaufen sind;

c) Personen, welche Unterstützung aus öffentlichen Armenmitteln erhalten und das Empfangene unnütz verwendet, veräußert oder zu anderem Zwecke, als wozu es gegeben wurde, mißbraucht haben.

Eine Verweisung dieser unter Lit. a bis c einschließlich genannten Personen kann jedoch nur dann stattfinden, wenn sie vom Verwaltungsamte (Stadtmagistrat) nach Feststellung der wesentlichen Tatsachen dieserhalb innerhalb eines Zeitraumes von zwei Jahren wenigstens zweimal verwarnt und mit der Verweisung in die Zwangsarbeitsanstalt förmlich bedroht sind, dessenungeachtet innerhalb zweier Jahre nach erfolgter Bedrohung in ihrem schlechten Lebenswandel verharrt, beziehentlich (Lit. b und c) eine gleiche Handlung wieder begangen haben, auch der Gemeinderat ihrer Heimatgemeinde mit der Verweisung sich einverstanden erklärt hat.

e) Personen, welche auf Kosten der Gemeinde unterhalten werden müssen und wegen fortgesetzten schlechten Betragens wiederholter Bemühungen der Armenbehörde ungeachtet entweder überall nicht oder doch nur gegen unverhältnismäßig hohe Vergütung bei anderen angemessen untergebracht werden können, wenn der Gemeinderat mit der Verweisung sich einverstanden erklärt;

f) Frauenzimmer, welche zwei oder noch mehrere Male außerehelich geboren haben, zur Unterhaltung ihrer unehelichen Kinder Unterstützung aus öffentlichen Armenmitteln erhalten und nach ihrer zweiten unehelichen Niederkunft durch das Verwaltungsamt (den Stadtmagistrat) mit der Verweisung in die Zwangsarbeitsanstalt bedroht sind, wenn sie nachher innerhalb eines Zeitraumes von drei Jahren wiederum unehelich schwanger geworden sind.

3. Württemberg.

Gesetz, betreffend die Abänderung einiger Bestimmungen des Gesetzes vom 17. April 1873 zur Ausführung des Reichsgesetzes vom 6. Juni 1870 über den Unterstützungswohnsitz. Vom 2. Juli 1889.

§ 14. Wer für sich selbst oder in der Person seiner Ehefrau oder seiner noch nicht 14 Jahre alten Kinder öffentliche Unterstützung empfängt, kann durch Beschluß der die Unterstützung gewährenden Armenbehörde verpflichtet werden, hierfür nach dem Maße seiner Kräfte diejenigen

Arbeiten zu verrichten, welche ihm von der Armenbehörde innerhalb oder außerhalb einer öffentlichen Armenanstalt angewiesen werden.

Der Beschluß ist mit Gründen zu versehen. Gegen denselben steht dem davon Betroffenen die Beschwerde und zwar gegen den Beschluß einer Ortsarmenbehörde an das Oberamt, gegen denjenigen einer Landarmen= behörde bzw. ihres Ausschusses an die Kreisregierung zu.

Gegen die in der Beschwerdeinstanz getroffene Entscheidung findet eine einmalige weitere Beschwerde an die nächstvorgesetzte Behörde, jedoch ohne aufschiebende Wirkung statt.

Die Beschwerde (Abs. 2 und 3) ist bei Vermeidung des Verlustes des Beschwerderechts binnen einer Woche nach Eröffnung der angefochtenen Entschließung bei der Behörde, welche die Entschließung erlassen oder die Eröffnung vollzogen hat, oder bei der zur Entscheidung über die Be= schwerde zuständigen Behörde anzubringen.

Der zur Entscheidung über die Beschwerde zuständigen Behörde steht es nach der besonderen Gestalt des Falles zu, die Vollziehung der Auf= lage auf Antrag oder von Amts wegen bis zur Entscheidung über die Beschwerde zu sistieren.

Die Verhängung des Arbeitszwanges kann von der Armenbehörde zu jeder Zeit wieder aufgehoben werden, wenn deren fernere Aufrecht= erhaltung als unzweckmäßig erscheint. Ebenso steht es den Beteiligten frei, deren Aufhebung jederzeit zu beantragen.

Im Falle der Abweisung eines auf die Wiederaufhebung der Arbeits= auflage gerichteten Gesuchs finden vorstehende Bestimmungen entsprechende Anwendung.

Verfügung des Ministeriums des Innern zum Vollzug des Gesetzes vom 2. Juli 1889.

§ 28. Von der durch Art. 14 des Gesetzes ihnen eingeräumten Be= fugnis werden die Armenbehörden maßvollen Gebrauch machen und bei der Entscheidung über die Anwendung des Arbeitszwangs in jedem ein= zelnen Falle nicht nur sorgfältig erwägen, ob die Maßregel zur Hint= anhaltung ungerechtfertigter Inanspruchnahme des Armenverbands not= wendig und geeignet ist, sondern auch auf die Schonung der wirtschaft= lichen Existenz und des berechtigten Selbstgefühls der betroffenen Personen entsprechende Rücksicht nehmen.

Die zwangsweise Durchführung der Maßregel hat erforderlichenfalls mittels Anwendung der Bestimmungen des Art. 2 Abs. 1 und 2 der Polizeistrafnovelle vom 12. August 1879 zu erfolgen.

Ein auf Verhängung von Arbeitszwang gerichteter Beschluß der Armenbehörde tritt von selbst außer Wirksamkeit, sobald der von demselben Betroffene aufhört, für sich selbst oder in der Person der in Art. 14 Abs. 1 bezeichneten Familienglieder öffentliche Unterstützung zu empfangen.

Ein Gesuch um Wiederaufhebung der Arbeitsauflage kann von dem davon Betroffenen auch während der Fortdauer des Genusses öffentlicher Unterstützung jederzeit gestellt bzw. erneuert werden (Art. 14 Abs. 6 des Gesetzes). Außerdem haben die Armenbehörden in bestimmten Zwischen=

räumen, mindestens aber alljährlich einmal, von Amts wegen zu prüfen, ob die Gründe, welche zur Verhängung von Arbeitszwang Veranlassung gegeben haben, noch fortbestehen, und je nach Befund das Geeignete zu verfügen. Über das Ergebnis dieser Prüfung ist im Protokoll der Armenbehörde jeweils Vormerkung zu machen.

Polizeistrafnovelle vom 12. August 1879.

Art. 2. Der Ungehorsam gegen die von einer Behörde innerhalb ihrer Zuständigkeit getroffenen, ordnungsmäßig eröffneten Anordnungen kann, soweit nicht besondere gesetzliche Bestimmungen etwas anderes festsetzen, mit Geldstrafe bis zu 100 Mk. oder mit Haft bis zu acht Tagen bestraft, und diese Strafe bei fortgesetztem Ungehorsam wiederholt werden.

Die Polizeibehörden sind außerdem befugt, die in Gemäßheit des Absatzes 1 getroffenen Anordnungen durch Anwendung sonstiger gesetzlicher Zwangsmittel zur Ausführung zu bringen.

4. Mecklenburg-Schwerin.

Verordnung vom 20. Februar 1871 zur Ausführung des Unterstützungswohnsitzgesetzes.

§ 4. Jedem Armenverband ist es gestattet, die einem Hilfsbedürftigen zu gewährende Unterstützung durch Zuweisung von Arbeit resp. durch Unterbringung in einer öffentlichen Armen- oder Arbeitsanstalt zu gewähren, die dem Ortsverbande zu solchem Zwecke zugänglich ist.

In diesem Falle ist der Unterstützte dem Reglement solcher Anstalt unterworfen, insbesondere auch zu den durch dasselbe vorgeschriebenen Arbeiten verpflichtet.

Landesverordnung, betreffend die Unterbringung von Ortsarmen im Landarbeitshause zu Güstrow, vom 18. Mai 1890.

§ 1. Den Ortsarmenverbänden soll es gestattet sein, die für einen hilfsbedürftigen Ortsarmen erforderlich werdende Unterstützung — vgl. § 4 Ziffer 4 der Verordnung vom 20. Februar 1871 zur Ausführung des Unterstützungswohnsitzgesetzes — durch Unterbringung desselben im Landarbeitshause zu Güstrow, soweit die dortigen Räumlichkeiten es gestatten, nach Maßgabe der nachstehenden Bestimmungen zu gewähren.

§ 2. Die Gestattung — § 1 — beschränkt sich auf erwachsene Personen, welche das 18. Lebensjahr vollendet haben und für welche, sei es für sie selbst oder für ihre Angehörigen, öffentliche Armenunterstützung hat gewährt werden müssen, falls diese Personen hinlänglich arbeits- oder erwerbsfähig sind, um zu ihrem oder ihrer Familie Unterhalt angemessen beitragen zu können, sich dieser Verpflichtung aber entziehen. Auch muß der Einzuliefernde ein solches Maß von Arbeitsfähigkeit besitzen, daß er seine Unterhaltskosten in der Anstalt zu decken imstande ist.

§ 3. Bevor die Aufnahme eines Ortsarmen in das Landarbeitshaus beantragt wird, ist der Einzuliefernde durch den beteiligten Ortsarmenverband mit der beabsichtigten Maßregel bekannt zu machen mit dem An=

fügen, daß seine Aufnahme in das Landarbeitshaus werde beantragt werden, wenn er nicht binnen einer ihm zu setzenden angemessenen Frist die ihm obliegenden Verpflichtungen erfülle. Erst wenn diese Frist fruchtlos verstrichen oder eine dagegen erhobene Beschwerde zurückgewiesen worden ist, darf die Aufnahme beantragt werden.

§ 4. Der Antrag auf Aufnahme in das Landarbeitshaus ist bei der dirigierenden Kommission unter Vorlegung der Akten zu stellen und dabei das Vorhandensein der in den §§ 2 und 3 bezeichneten Voraussetzungen nachzuweisen.

Bevor der Antrag genehmigt ist, darf die Einlieferung nicht erfolgen.

Von der Aufnahmezusicherung ist innerhalb einer Frist von 6 Wochen vom Tage der Zustellung an Gebrauch zu machen. Nach Ablauf dieser Frist muß eine neue Zusicherung erwirkt werden.

§ 5. Die eingelieferten Personen sind für die Zeit ihrer Unterbringung im Landarbeitshause den Hausgesetzen der Anstalt unterworfen.

Ihre Arbeitsleistungen kommen der Anstalt ausschließlich zugute, wofür dieselbe aber auch ihre Verpflegung einschließlich der Bekleidung und der gewöhnlichen Krankenpflege nach Maßgabe des Anstaltsreglements ohne weitere Vergütung zu übernehmen hat.

Die Vergünstigungen, welche den übrigen Detinierten der Anstalt durch Arbeitsprämien usw. zufließen, kommen auch den eingelieferten Ortsarmen zugute.

§ 6. Die Unterbringung findet nur so lange statt, als die Unterstützung in Anspruch genommen wird.

Vor dem Ablaufe des ersten Jahres der Unterbringung kann jedoch die Entlassung von dem glaubhaften Nachweise abhängig gemacht werden, daß der Eingelieferte sich und seine Angehörigen zu ernähren imstande sei, bzw. ein eigenes Unterkommen gefunden habe.

Die dirigierende Kommission ist befugt, die Entlassung anzuordnen, wenn der Eingelieferte das nach § 2 Abs. 2 erforderliche Maß von Arbeitsfähigkeit nicht besitzt, oder wenn eine wesentliche Abminderung derselben oder eine Erkrankung von voraussichtlich längerer Dauer eintritt, oder bei Überfüllung der Anstalt mit anderweitigen Häuslingen.

§ 8. Beschwerden über Verfügungen der Ortsarmenverbände oder der dirigierenden Kommission führen an Unser Ministerium des Innern.

5. Anhalt.

Gesetz, betreffend die Abänderung des Ausführungsgesetzes zum Reichsgesetze über den Unterstützungswohnsitz, vom 27. April 1904.

Art. 1. Die Unterstützung kann geeignetenfalls, solange dieselbe in Anspruch genommen wird, mittels Unterbringung in einer Armen- oder Krankenanstalt gewährt werden. Auch kann derjenige, der für sich selbst oder in der Person seiner Ehefrau oder seiner noch nicht 14 Jahre alten Kinder öffentliche Unterstützung empfängt, verpflichtet werden, hierfür nach dem Maße seiner Kräfte solche Arbeiten zu verrichten, welche ihm von dem Vorstande des Armenverbandes innerhalb oder außerhalb einer öffentlichen Armen- oder Krankenanstalt angewiesen werden.

Die Verfügung des Vorstandes des Armenverbandes, durch welche die Verpflichtung zur Arbeit angeordnet wird, ist mit Gründen zu versehen; gegen dieselbe findet binnen einer Woche nach der Zustellung der Beschwerde an den Kreisausschuß und in den vier Hauptstädten an die Regierung, Abteilung des Innern, statt. Die Beschwerde hat, unbeschadet der Befugnis der Aufsichtsbehörde, die Vollziehung der Anordnung bis zur Entscheidung der Beschwerdeinstanz aussetzen zu lassen, keine aufschiebende Wirkung. Der Kreisausschuß bzw. die Regierung, Abteilung des Innern, entscheiden endgültig. Die Anordnung der Arbeitsverpflichtung kann von dem Vorstande des Armenverbandes von Amts wegen oder auf Antrag des zur Arbeit Verpflichteten wieder aufgehoben werden. Im Falle der Ablehnung des Antrages auf Wiederaufhebung ist die Beschwerde nach Maßgabe der obigen Bestimmungen zulässig.

Wo nach den Bestimmungen der Gemeindeordnung zur Verwaltung der öffentlichen Armenpflege eine besondere Deputation vom Gemeinderat gebildet ist, kann durch Statut vorgeschrieben werden, daß diese Deputation vom Vorstande des Armenverbandes vor Anordnung der Arbeitsverpflichtung zu hören ist. Das Statut bedarf der Bestätigung der Regierung, Abteilung des Innern.

Ortsstatut, betreffend Errichtung einer Arbeitszwangsanstalt in Dessau, vom 15. Juni 1904.

§ 1. Mit dem Armenstift der Stadt Dessau wird eine Arbeitszwangsanstalt verbunden. In diese können behufs zwangsweiser den Kräften angemessener Beschäftigung eingewiesen werden solche Personen, welche für sich selbst oder in der Person ihrer Ehefrau oder ihrer noch nicht 14 Jahre alten Kinder öffentliche Armenunterstützung empfangen.

§ 2. Die Unterbringung erfolgt durch eine mit Gründen versehene Entscheidung des Magistrats nach Anhörung der Armendeputation.

§ 3. Der Beschlußfassung der Armendeputation hat eine mündliche Verhandlung voranzugehen, zu welcher derjenige, gegen den die Unterbringung in die Arbeitszwangsanstalt ausgesprochen werden soll, zu laden ist. Die Einleitung des Verfahrens erfordert jedoch den Nachweis, daß derselbe mindestens zweimal von der Armenverwaltung schriftlich unter Androhung der Verweisung in die Arbeitszwangsanstalt wegen Vernachlässigung seiner Unterhaltspflichten verwarnt worden ist. Zwischen der ersten und zweiten Verwarnung muß ein Zeitraum von mindestens vier Wochen liegen.

§ 4. Gegen die Entscheidung des Magistrats (§ 2) findet binnen einer Woche nach der Zustellung Beschwerde an Herzogliche Regierung, Abteilung des Innern, statt, welche endgültig entscheidet. Die Beschwerde hat, unbeschadet der Befugnis der Aufsichtsbehörde, die Vollziehung der Anordnung bis zur Entscheidung der Beschwerdeinstanz aussetzen zu lassen, keine aufschiebende Wirkung.

§ 5. Die Anordnung der Arbeitsverpflichtung innerhalb der Arbeitszwangsanstalt kann vom Magistrat von Amts wegen oder auf Antrag des zur Arbeit Verpflichteten wieder aufgehoben werden. Die Entlassung muß erfolgen, sofern der Eingewiesene nachweist, daß er ausreichende Arbeit gefunden, um sich bzw. seine Angehörigen zu ernähren und weiter, falls seine Angehörigen öffentliche Armenunterstützung beziehen, daß er durch Vereinbarung mit seinem Arbeitgeber mindestens die Hälfte des Arbeitsverdienstes der Armenverwaltung zur Auszahlung an seine Familie überwiesen hat.

Im Falle der Ablehnung des Antrags auf Wiederaufhebung ist die Beschwerde nach Maßgabe des § 4 zulässig.

§ 6. Die Verwaltung der Arbeitszwangsanstalt hat der Magistrat im Einvernehmen mit der Armenstiftskommission zu führen.

6. Hamburg.
Gesetz über das Armenwesen vom 11. September 1907.

§ 12. Öffentliche Unterstützung wird nur Hilfsbedürftigen gewährt. Hilfsbedürftig ist, wer seinen notdürftigen Unterhalt weder aus eigenen Mitteln oder Kräften noch aus ihm von anderer Seite zur Verfügung gestellten Mitteln zu bestreiten vermag. Wird eine Ehefrau oder werden eheliche oder diesen gleichstehende Kinder unterstützt, so gilt das Familienhaupt, auch wenn die Unterstützung ohne oder gegen seinen Willen gewährt ist, in der Person seiner Angehörigen als unterstützt, es sei denn, daß die bei Gewährung der Unterstützung angenommene Hilfsbedürftigkeit nicht vorgelegen hat; im Falle der Unterstützung von Kindern, welche in bezug auf den Erwerb und Verlust des Unterstützungswohnsitzes selbständig sind, findet diese Bestimmung keine Anwendung.

§ 21. Wer selbst oder in der Person seiner Angehörigen (§ 12 Abs. 1) aus öffentlichen Armenmitteln unterstützt wird, kann, soweit dieses zur Beseitigung oder Verminderung der bestehenden Hilfsbedürftigkeit erforderlich ist, durch Beschluß der Kommission für das Armenarbeitswesen zur Verrichtung einer seinen Kräften angemessenen Arbeit angehalten werden. Weigert sich der Unterstützte, die ihm von der Kommission angewiesene Arbeit zu verrichten, so kann der Beschluß der Kommission durch Anwendung unmittelbaren Zwanges vollstreckt werden. Zu dem Zwecke kann der Unterstützte auch gegen seinen Willen in einer Armenarbeitsanstalt untergebracht werden. In den Fällen einer nur durch vorübergehende Umstände verursachten Hilfsbedürftigkeit finden diese Vorschriften keine Anwendung.

Die Kommission besteht aus einem Senatsmitgliede des Armenkollegiums als Vorsitzendem sowie zwei der von der Bürgerschaft gewählten Mitglieder des Kollegiums und zwei Armenbezirksvorstehern oder Armenpflegern als Beisitzern. Mindestens einer der Beisitzer muß die Fähigkeit zum Richteramte besitzen. Die Mitglieder der Kommission werden vom Armenkollegium auf die Dauer eines Jahres im voraus bestimmt. In gleicher Weise wird die erforderliche Anzahl von Stellvertretern bestellt und bestimmt, in welcher Reihenfolge die Stellvertreter an Stelle verhinderter Mitglieder einzutreten haben. Neuwahlen, welche im Laufe eines Jahres durch das Ausscheiden von Mitgliedern oder Stellvertretern erforderlich werden, erfolgen für den Rest des Jahres. Die Kommission ist nur beschlußfähig, wenn sämtliche Mitglieder oder an Stelle verhinderter Mitglieder Stellvertreter in entsprechender Zahl anwesend sind.

Die Entscheidung der Kommission ergeht auf Grund mündlicher Verhandlung. Die Kommission ist berechtigt, Zeugen zu vernehmen und zu beeidigen. Vor der Entscheidung ist dem Unterstützten, gegen den das

Verfahren sich richtet, Gelegenheit zur Äußerung zu geben. Der Unterstützte ist berechtigt, in der Verhandlung mit einem Beistand zu erscheinen. Auf die Beistände finden die Vorschriften des § 157 Z.P.O. entsprechende Anwendung. Zu einer die Arbeitspflicht feststellenden Entscheidung ist eine Mehrheit von vier Stimmen erforderlich. Gegen eine solche Entscheidung, welche mit Gründen zu versehen ist, findet Beschwerde an den Senat statt; sie ist auch vor den ordentlichen Gerichten im Wege der Klage anfechtbar. Die Klage ist gegen den unterstützenden Armenverband zu richten. Auf das Verfahren finden die §§ 25 ff. des Gesetzes, betreffend das Verhältnis der Verwaltung zur Rechtspflege, vom 23. April 1879 entsprechende Anwendung.

Die Vollstreckung erfolgt durch den unterstützenden Armenverband. Die Polizeiverwaltungen sind verpflichtet, die zur Durchführung der Vollstreckung etwa erforderliche Hilfe zu gewähren. Die Vollstreckung wird durch Einlegung der Beschwerde an den Senat oder durch Erhebung der Klage vor den ordentlichen Gerichten nicht aufgehalten. Nach Erhebung der Klage kann jedoch das Gericht auf Antrag oder von Amts wegen den Aufschub oder die Unterbrechung der Vollstreckung anordnen.

Die Vollstreckung des Beschlusses ist aufzuheben, sobald seine gesetzlichen Voraussetzungen weggefallen sind oder nach dem Ermessen der Behörde die weitere Aufrechterhaltung des Arbeitszwanges nicht mehr erforderlich scheint. Der Unterstützte, gegen welchen der Beschluß sich richtet, kann jederzeit bei der Kommission für das Armenarbeitswesen die Aufhebung der Vollstreckung des Beschlusses beantragen. Doch ist die Kommission zu einer solchen Entscheidung nur verpflichtet, wenn seit der Fassung des Beschlusses oder seit der Ablehnung eines Antrages auf Aufhebung des Beschlusses mindestens drei Monate verstrichen sind. Wenn der Unterstützte in einer Armenarbeitsanstalt untergebracht ist und die Unterbringung ein Jahr gedauert hat, so hat die Kommission, bevor sie das Fortbestehen der Voraussetzungen für die Arbeitspflicht feststellt, dem Unterstützten durch eine mindestens sechs Monate dauernde Unterbrechung der Unterbringung Gelegenheit zur Erbringung des Nachweises zu geben, daß die Voraussetzungen für die Vollstreckung des Beschlusses nicht mehr bestehen. Auf das Verfahren und die Anfechtung der Entscheidung finden die Vorschriften des Abs. 3 entsprechende Anwendung.

Der erzielte Arbeitsverdienst ist, soweit er nicht zur Deckung der Unterbringungskosten erforderlich ist, zum Unterhalt der Familienangehörigen zu verwenden und, falls solche nicht vorhanden sind, dem Untergebrachten bei dessen Entlassung auszuhändigen.

Geschäftsordnung der Kommission für das Armenarbeitswesen.

1. Die Anträge an die Kommission sind nach Abschluß der Ermittelungen durch den unterstützenden Armenverband von diesem schriftlich zu stellen. *Antrag auf Einleitung des Verfahrens.*

2. In jedem Falle ist ein bestimmter Antrag zu stellen. Das wesentliche Ergebnis der angestellten Ermittelungen unter Hervorhebung der gesetzlichen Voraussetzungen für die Anwendung des Arbeitszwanges und die Beweismittel sind in die Schrift aufzunehmen. Dem Antrage ist die Personalakte über den Unterstützten beizufügen.

Verfahren bis zur mündlichen Verhandlung.

3. Der Vorsitzende bestellt in jeder Sache ein Mitglied der Kommission zum Berichterstatter.

4. Der Vorsitzende kann, wenn die Voraussetzungen für die Anwendung des Arbeitszwanges offenbar nicht gegeben sind, durch einen mit Gründen zu versehenden Vorbescheid den Antrag ablehnen. Gegen diesen Bescheid steht dem unterstützenden Armenverband das Recht auf Anrufung der Entscheidung der Kommission zu.

5. Der Vorsitzende kann, wenn er weitere Erhebungen zur besseren Aufklärung der Sache für erforderlich hält, sie selbst vornehmen oder ein Mitglied der Kommission mit der Erhebung beauftragen oder endlich den antragstellenden Ortsarmenverband ersuchen, die weiter erforderlichen Ermittelungen anzustellen.

6. Hält der Vorsitzende den Antrag für genügend begründet, so wird durch ihn ein Termin zur mündlichen Verhandlung vor der Kommission anberaumt.

7. Die Kommission tritt je nach Bedarf zusammen. Die Sitzungstage und die Terminstunde für die einzelnen Sachen werden von dem Vorsitzenden bestimmt. Jedem Mitglied ist eine Abschrift des mit Gründen versehenen Antrages des Armenverbandes zuzustellen.

8. Die Berichte über die angestellten Ermittelungen, gutachtliche Äußerungen und dergleichen können in der Verhandlung verlesen werden. Der Vorsitzende bestimmt nach seinem Ermessen, ob und welche Zeugen zur Verhandlung zu laden sind, auch soweit der Unterstützte einen Antrag auf Ladung von Zeugen stellt.

9. Die Ladung der Zeugen erfolgt unter Androhung einer Geldstrafe bis zu 30 Mk. im Falle des unentschuldigten Ausbleibens (§ 20 des Verhältnisgesetzes).

10. Der Unterstützte, gegen den das Verfahren sich richtet, ist in jedem Falle unter der Verwarnung zu laden, daß beim Ausbleiben nach Sach- und Aktenlage werde entschieden werden. In die Ladung ist aufzunehmen, daß es dem Unterstützten freisteht, sich schriftlich zu äußern. Zwischen der Zustellung der Ladung und dem Termin muß eine Frist von mindestens drei Tagen liegen.

11. Hält sich der Unterstützte nicht in Hamburg oder in der näheren Umgebung von Hamburg auf, so kann nach Ermessen des Vorsitzenden vor Ansetzung des Termins die Polizeibehörde des Aufenthaltsortes ersucht werden, ihn über den Antrag des Armenverbandes zu hören.

12. Der Termin ist dem unterstützenden Armenverband rechtzeitig mitzuteilen.

13. Die Zustellung der Ladungen an den Unterstützten und die Zeugen geschieht im Stadtgebiete in der Regel durch die Bezirksboten mittels der Postzustellungsurkunde entsprechender Urkunde, im übrigen stets durch Postzustellungsurkunde. Abschrift der Ladung nebst der Zustellungsurkunde ist zu den Akten zu bringen.

Mündliche Verhandlung.

14. Die Sitzungen der Kommission sind nicht öffentlich.

15. Die Kommission entscheidet in der Besetzung von fünf Mitgliedern einschließlich des Vorsitzenden. Zu einer die Arbeitspflicht feststellenden Entscheidung ist eine Mehrheit von vier Stimmen erforderlich. Die übrigen Beschlüsse erfolgen nach einfacher Stimmenmehrheit. Eine Stimmenthaltung ist unzulässig.

16. Bei allen Abstimmungen stimmt der Berichterstatter zuerst, der Vorsitzende zuletzt. Die Mitglieder des Armenkollegiums stimmen nach den anderen Beisitzern. Im übrigen richtet sich die Reihenfolge nach dem Lebensalter; das jüngste Mitglied gibt seine Stimme zuerst ab.

17. Der Vorsitzende eröffnet und leitet die Verhandlung.

Der Unterstützte, sein Beistand oder ein Zeuge, der sich in der Sitzung ungebührlich beträgt, kann von der Kommission gemäß § 11 des Verhältnisgesetzes in eine Geldstrafe bis zu 75 Mk. genommen werden.

Nach Aufruf der Sache trägt der Vorsitzende oder der von ihm beauftragte Berichterstatter den Sachverhalt vor.

Hierauf wird die Person, gegen die das Verfahren sich richtet, gehört. Ist sie ordnungsmäßig geladen, so kann auch in ihrer Abwesenheit verhandelt werden.

18. Der Unterstützte kann sich nicht durch einen Bevollmächtigten vertreten lassen. Er kann aber in Begleitung eines Beistandes erscheinen. Die Kommission kann Beiständen, denen die Fähigkeit zum geeigneten Vortrage mangelt, den weiteren Vortrag untersagen.

Beistände, die, ohne Rechtsanwälte zu sein, die Vertretung geschäftsmäßig betreiben, kann die Kommission zurückweisen.

19. Ein Vertreter des unterstützenden Armenverbandes kann der Verhandlung beiwohnen. Er hat das Recht, bis zum Schlusse der Beweisaufnahme neue Tatsachen und Beweismittel vorzubringen.

20. Nach Vernehmung des Unterstützten erhebt die Kommission den nach ihrem Ermessen zur Aufklärung des Sachverhaltes erforderlichen Beweis, ohne hierbei durch Anträge, Verzichte oder frühere Beschlüsse gebunden zu sein. Sie bestimmt also, welche von den geladenen oder vom Unterstützten sistierten Zeugen zu vernehmen sind, und ob und inwieweit den vom Vertreter des Armenverbandes und dem Unterstützten gestellten Beweisanträgen stattzugeben ist.

21. Ein Zeugniszwangsverfahren findet nicht statt.

22. Die Kommission hat nach freiem Ermessen zu entscheiden, ob ein Zeuge zu beeidigen und ob der Eid vor oder nach der Vernehmung zu leisten ist.

Personen unter 16 Jahren sind stets unbeeidigt zu vernehmen. Zunächst uneidlich sind zu vernehmen:
1. der Verlobte des Unterstützten,
2. der Ehegatte des Unterstützten, auch wenn die Ehe nicht mehr besteht;
3. die Personen, die mit dem Unterstützten in gerader Linie verwandt oder verschwägert oder durch Adoption verbunden oder in der Seitenlinie bis zum dritten Grade verwandt oder bis zum zweiten Grade verschwägert sind, auch wenn die Ehe nicht mehr besteht, auf welche die Schwägerschaft sich gründet.

Der Eid beginnt mit den Worten: „Ich schwöre bei Gott dem Allmächtigen und Allwissenden" und schließt mit den Worten: „So wahr mir Gott helfe". Der vor der Vernehmung zu leistende Eid lautet: daß Zeuge nach bestem Wissen die reine Wahrheit sagen, nichts verschweigen und nichts hinzusetzen werde; der nach der Vernehmung zu leistende Eid lautet: daß Zeuge nach bestem Wissen die reine Wahrheit gesagt, nichts verschwiegen und nichts hinzugesetzt habe.

23. Jeder Zeuge ist einzeln und in Abwesenheit später abzuhörender Zeugen zu vernehmen. Die Vernehmung beginnt mit der Befragung über die Personalien der Zeugen.

Der Vorsitzende hat nach Abgabe der Aussage jedem Beisitzer und dem Vertreter des Armenverbandes zu gestatten, Fragen an den Zeugen zu stellen.

Nach Vernehmung eines jeden Zeugen sollen der Unterstützte und sein Beistand gefragt werden, ob sie etwas zu erklären haben.

24. Die Kommission kann, geeignetenfalls schon vor dem Verhandlungstermin, beschließen, daß Zeugen außerhalb der Verhandlung durch ein zum Richteramte befähigtes Mitglied der Kommission zu vernehmen sind.

Von dem Beweistermin sind der Armenverband und der Unterstützte in Kenntnis zu setzen.

25. Zeugengebühren werden auf Antrag unter entsprechender Anwendung der Gebührenordnung für Zeugen gewährt. Die Anweisung erfolgt durch das Generalbureau der Allgemeinen Armenanstalt. Gegen die Festsetzung kann der Zeuge sich innerhalb zwei Wochen bei dem Vorsitzenden der Kommission schriftlich oder zu Protokoll, das vom Generalbureau aufzunehmen ist, beschweren.

26. In jedem Stadium der Verhandlung kann Vertagung auf bestimmte oder unbestimmte Zeit beschlossen werden, um dem Unterstützten Gelegenheit zu geben, ein Verhalten zu zeigen, das die Anwendung des Arbeitszwanges überflüssig macht.

27. Nach dem Schlusse der Beweisaufnahme erhalten der Vertreter des Armenverbandes und der Unterstützte sowie sein Beistand zu ihren Ausführungen und Anträgen das Wort.

28. Über die mündliche Verhandlung wird von einem Beamten der Allgemeinen Armenanstalt, der mindestens Assistent sein muß, ein Protokoll aufgenommen. Das Protokoll soll den Gang und den wesentlichen Inhalt der Verhandlung enthalten. Es ist von dem Vorsitzenden und dem Protokollführer zu unterzeichnen.

29. Der Endentscheidung vorhergehende Beschlüsse der Kommission, die in der mündlichen Verhandlung gefaßt werden, werden nur durch Verkündung bekannt gegeben.

Die Endentscheidung kann in dem Verhandlungstermin verkündet werden.

Zur Vollstreckung der Entscheidung genügt die Eröffnung ihres Tenors im Wege der Zustellung oder durch Verkündung an den anwesenden Unterstützten.

Die Entscheidung der Kommission.

30. Die Entscheidung der Kommission über die Arbeitspflicht ist mit Gründen zu versehen und von dem Vorsitzenden und sämtlichen Mitgliedern, soweit sie nicht verhindert sind, zu unterschreiben.

31. Diese Entscheidung wird in Abschrift dem Unterstützten in der zu 13 angeführten Weise zugestellt und alsdann dem antragstellenden Armenverbande eine Abschrift nebst einer Abschrift der Zustellungsurkunde übersandt. Die Abschriften werden vom Vorsteher des Generalbureaus der Allgemeinen Armenanstalt beglaubigt.

32. Gegen eine den Antrag des Armenverbandes ablehnende Entscheidung findet kein Rechtsmittel statt.

33. Gegen eine die Arbeitspflicht feststellende Entscheidung sind die in § 21 Abs. 3 des Armengesetzes aufgeführten Rechtsbehelfe zulässig.

Behandlung der Anträge des Unterstützten auf Aufhebung der Vollstreckung.

34. Geht ein Antrag des Unterstützten auf Aufhebung der Vollstreckung des Beschlusses der Kommission ein, nachdem seit der Fassung des Beschlusses oder seit der Ablehnung eines Antrages auf Aufhebung des Beschlusses mindestens drei Monate verstrichen sind, so ist über den Antrag in mündlicher Verhandlung von der Kommission zu entscheiden. Auf das Verfahren finden die vorstehenden Vorschriften entsprechende Anwendung. Erklärt der Antragsteller, der hierüber zu befragen ist, der Verhandlung beiwohnen zu wollen, so ist seine Vorführung anzuordnen. Vor der Beschlußfassung ist ein Gutachten der Armenarbeitsanstalt über die Führung und die Leistungen des Unterstützten einzuholen und der unterstützende Armenverband zu einer Äußerung aufzufordern.

35. Bei anderen an die Kommission gerichteten Anträgen des Unterstützten auf Aufhebung der Vollstreckung verfügt nach Einholung einer Äußerung des unterstützenden Armenverbandes der Vorsitzende der Kommission, ob der Antrag ohne weiteres abzulehnen oder der Kommission zu unterbreiten ist. Im letzteren Falle erfolgt die Entscheidung auf Grund mündlicher Verhandlung.

Unterbrechung der Unterbringung nach Ablauf eines Jahres.

36. Nach Ablauf eines Jahres hat der unterstützende Armenverband von Amts wegen die Unterbringung in der Arbeitsanstalt zu unterbrechen. Erachtet er nach Ablauf weiterer sechs Monate das Fortbestehen der Voraussetzungen für die Arbeitspflicht für vorliegend, so stellt er einen dementsprechenden Antrag bei der Kommission, die darüber auf Grund mündlicher Verhandlung zu entscheiden hat. Im anderen Falle hebt der unterstützende Armenverband die Vollstreckung des Beschlusses der Kommission endgültig auf.

Eingänge, Bureau.

37. Alle an die Kommission gerichteten Eingänge sind zu journalisieren. Über jeden Fall sind Akten anzulegen. Solange ein Verfahren bei der Kommission nicht schwebt, sind die Eingänge von dem unterstützenden Armenverband zu bearbeiten; ihre Übermittelung an die Kommission findet nicht statt. Alle Eingänge an die Kommission können vom Generalbureau der Allgemeinen Armenanstalt, die an den Vorsitzenden der Kommission gerichteten Schriftstücke vom Direktor des öffentlichen Armenwesens geöffnet werden.

38. Die bureaumäßigen Arbeiten der Kommission werden vom Generalbureau der Allgemeinen Armenanstalt ausgeführt, das auch die Akten der Kommission aufbewahrt.

Akteneinsicht.

39. Der Vorsitzende der Kommission hat zu bestimmen, ob und inwieweit dem Beistande des Unterstützten oder anderen Personen Einsicht in die Akten der Kommission zu gewähren ist.

An Behörden können die Akten auch ohne ausdrückliche Anweisung des Vorsitzenden auf Wunsch übersandt werden.

40. Bare Auslagen, die durch das Verfahren entstehen, werden vorläufig von der Allgemeinen Armenanstalt in Hamburg getragen, sind ihr aber von dem unterstützenden Armenverband zu erstatten.

Zwangsmaßregeln gegen Arbeitsscheue und gegen säumige Nährpflichtige.

Mitbericht
von
Stadtrat **Samter**-Charlottenburg.

Die Klagen der deutschen Armenverwaltungen über die immer mehr wachsenden Lasten, die ihnen Arbeitscheue und säumige Nährpflichtige, insbesondere die ihre Nährpflicht verletzenden Familienväter, verursachen, sind nicht neuen Datums. Sie gehen, soweit mir bekannt, zurück bis auf das Jahr 1879, und auch der Deutsche Verein für Armenpflege und Wohltätigkeit hat sich schon sehr früh mit ihnen beschäftigt. Zum letztenmal eingehend auf seiner Jahresversammlung 1898, auf der gegen eine starke Minderheit als Abwehrmittel in erster Linie die Überweisung in eine geschlossene Anstalt mit Arbeitszwang im Wege eines gegen Mißbrauch zu schützenden Verwaltungsverfahrens empfohlen wurde. Seit dieser Beschlußfassung hat der Verein sich nur beiläufig bei Erörterung anderer Fragen auch mit dieser Frage beschäftigt, und nahezu widerspruchslos wiederholt die Einführung eines mit den nötigen Kautelen ausgestatteten Verwaltungszwangsverfahrens gegen solche Personen gefordert. Man darf danach wohl annehmen, daß bei den deutschen Armenverwaltungen tatsächlich der Wunsch besteht, zur Bekämpfung der beklagten Mißstände ein Verfahren zu erhalten, das, ähnlich dem jetzt in sechs deutschen Staaten eingeführten, es der Verwaltung gestattet, unter den nötigen Kautelen zum Schutze der persönlichen Freiheit, im Verwaltungswege gewisse Personen in ein Arbeitshaus einzuweisen.

Wenn ich gegenüber einem solchen fast einmütigen Wunsche mich — um dies gleich vorauszuschicken — in den nachstehenden Ausführungen, wie ich es schon unmittelbar nach den Verhandlungen des Vereins im Jahre 1898 in drei Aufsätzen in den "Amtlichen Nachrichten der Charlottenburger Armenverwaltung", in der "Zukunft" und in der "Hilfe" getan habe, **gegen ein solches Verwaltungszwangsverfahren** ausspreche, so bin ich mir wohl bewußt, vielleicht als ein Eigenbrödler angesehen zu werden. Ich verkenne auch nicht die Schwierigkeit der Aufgabe, einen abweichenden Standpunkt zu rechtfertigen. Aber ich bin, je länger ich mich mit der Frage beschäftige, mehr und mehr zu der Überzeugung gelangt, daß gegen die Forderung eines Verwaltungszwangsverfahrens so schwere Bedenken zu erheben sind, daß es unrecht wäre, die Sache nicht erneut der gründlichsten Prüfung zu unterziehen. Ich darf wohl annehmen, daß das auch die Auffassung des Deutschen Vereins gewesen ist, wenn er für dieses Jahr das Thema nochmals auf die Tagesordnung gesetzt hat.

Zunächst einige wenige Worte über das Übel selbst. Niemand wird leugnen wollen, daß die Armenverwaltungen durch die ihnen infolge der

Versäumung der Nährpflicht erwachsenden Ausgaben schwer belastet werden. Die Belastung durch einzelstehende Arbeitsscheue dürfte weniger ins Gewicht fallen; denn es dürfte kaum eine Armenverwaltung geben, die einen Arbeitsscheuen — abgesehen von notwendiger Krankenhausbehand=
lung, die unter Umständen natürlich auch erheblich ins Gewicht fallen kann — anders unterstützte als durch Naturalverpflegung in einem Armen=
haus. Soweit Arbeitsscheue aber zugleich Familienväter sind und infolge ihrer Arbeitsscheu die Sorge für ihre Angehörigen unterlassen, fallen sie unter die säumigen Nährpflichtigen: Die Aufwendungen, die durch Verletzung ihrer Nährpflicht entstehen, fallen also mit unter die allgemeinen Aufwendungen, die durch säumige Nährpflichtige verursacht werden.

Über den Umfang der Belastung der Armenpflege durch säumige nährpflichtige Familienväter wird es schwer sein, zuverlässige Ziffern zu erhalten. Jeder Fachmann weiß, wie schwierig es überhaupt in der Armen=
pflege ist, die Ursachen der Hilfsbedürftigkeit statistisch zuverlässig zu er=
fassen. Daß das bei der Verletzung der Nährpflicht nicht anders liegt, zeigen schon die großen Unterschiede in den einzelnen Städten, die sowohl die Umfrage für das Jahr 1895/96 als auch die jetzt von meinem Herrn Mitberichterstatter veranstaltete Umfrage ergeben hat. Wenn bei der jetzigen Umfrage, — deren Ergebnisse mir leider infolge äußerer Umstände bei Abschluß meines Berichts noch nicht vollständig zur Verfügung standen — eine Stadt wie Hannover bei 1223 durchschnittlich laufend Unterstützten nur 79 Fälle laufender Unterstützung infolge von Verletzung der Nähr=
pflicht aufzuweisen hat, Elberfeld aber auf 671 nicht weniger als 105, so dürfte schon das klar ergeben, daß diese Statistik auf Zuverlässigkeit nicht vollen Anspruch erheben kann. Ganz besonders eigenartig scheinen die Verhältnisse in Hamburg zu liegen. Schon 1895/96 entfielen auf Hamburg etwa $1/4$ aller in 113 Orten festgestellten Fälle der Nährpflicht=
verletzung. Die Feststellung für das Jahr 1907 hat hier auf 8898 Fälle laufender Unterstützung überhaupt nicht weniger als 1525, also mehr als ein Sechstel, wegen Nährpflichtverletzung ergeben. Worauf diese von allen anderen Städten weit abweichende Mehrbelastung in Hamburg zurück=
zuführen ist, entzieht sich der Beurteilung. Im Jahre 1900/01 war die Zahl, wie Buehl in der Zeitschrift für das Armenwesen vom April 1905 mitteilt, sogar noch höher, 1794: unter ihnen befanden sich aber nur 69 Seeleute, so daß die Höhe der Zahl nicht lediglich, wie man sonst an=
zunehmen geneigt sein möchte, auf die Eigenart Hamburgs als Seestadt zurückgeführt werden kann. Von den 19 Städten, deren Auskünfte für das Jahr 1907 mir bereits vorliegen, sind 33 818 Fälle laufender Unter=
stützung überhaupt und 3899 laufende Unterstützungen im März 1909 wegen Verletzung der Nährpflicht angegeben. In Charlottenburg hat die Zählung im Jahre 1906 bei überhaupt 6759 in irgendeiner Form Unter=
stützten 236, d. h. 3,5 %, wegen böswilliger Verlassung durch den Ernährer unterstützte Frauen, 1907 bei überhaupt 7525 in irgend=
einer Form Unterstützten 309, d. h. 4,1 %, eheverlassene Frauen ergeben. Man wird nicht sagen können, daß diese Prozentsätze übermäßig

hoch seien. Der allgemeine Durchschnitt wird vermutlich, namentlich, wenn man nicht nur die Großstädte, sondern auch das Land berücksichtigt, kaum wesentlich höher sein als in Charlottenburg. Immerhin wird nicht zu leugnen sein, daß auch bei solchen Zahlen durch Verletzung der Nährpflicht eine nicht unwesentliche Belastung der Armenpflege eintritt, und es dringend notwendig ist, Mittel zu finden, ihr entgegenzutreten.

Als das einzige Mittel, von dem man sich einen wirklichen Erfolg verspricht, ist bisher von allen Seiten das — landesgesetzlich einzuführende — **Verwaltungszwangsverfahren**, wie es in Sachsen seit nahezu 70 Jahren, in Württemberg seit über 20 Jahren besteht, **mit den nötigen Kautelen** — etwa in der Art, wie sie Hamburg geschaffen hat — bezeichnet worden. Ich werde unten versuchen, einige andere Vorschläge zu machen, die ich für geeignet halte, dem Übel, das auch ich nicht verkenne, mehr zu steuern, als das mit den bisher gegebenen Mitteln möglich war. Auch ich wünsche **Zwangsmaßregeln gegen Arbeitscheue wie gegen säumige Nährpflichtige**. Wenn ich mich aber **gegen jedes Verwaltungszwangsverfahren** ausspreche, so bestimmen mich dazu im wesentlichen drei Gründe:

Ich halte das **Verwaltungszwangsverfahren für ungesetzlich**; ich habe **schwere sittliche Bedenken** dagegen zu erheben; ich halte es endlich nach den bisher vorliegenden Erfahrungen **für völlig unwirksam**, den Erfolg zu erzielen, den man davon erwartet.

Gegen eins muß ich mich aber dabei vorweg verwahren. Buehl sagt in seinem schon zitierten Aufsatz: als der Beschluß des Deutschen Vereins vom Jahre 1898 bekannt wurde, sei ein Sturm der Entrüstung durch die „demokratische und sozialdemokratische" Presse gegangen! Ich halte die Sache für nichts weniger als für eine Parteiangelegenheit. Die Zeitschriften, in denen ich selbst damals meine abweichende Ansicht vertreten habe, sind sicher weder als demokratisch noch als sozialdemokratisch zu bezeichnen. Auch von der „Vossischen Zeitung" in Berlin, die damals gleichfalls mit Entschiedenheit gegen den Beschluß aufgetreten ist, wird man das nicht behaupten können. Wie wenig es sich um eine Parteiangelegenheit handelt, zeigt am besten der Umstand, daß bei der Beratung des **Anhaltischen** Gesetzentwurfs — wie Buehl selbst zitiert — der sozialdemokratische Abgeordnete Peus sich **für**, bei der Beratung des Hamburger Gesetzentwurfes aber der alte — ich glaube nicht zu irren — nationalliberale Parlamentarier Dr. Wolffson sich mit aller Entschiedenheit **gegen den Verwaltungszwang** ausgesprochen hat. Es handelt sich meines Erachtens in der Tat um eine rein objektive Erörterung der Gründe dafür und dagegen, die mit dem Parteistandpunkt nicht das mindeste zu tun hat.

1. Der Arbeitszwang ist ungesetzlich.

Um die Gesetzlichkeit oder Ungesetzlichkeit prüfen zu können, bedarf es zunächst einer Feststellung des Begriffs des Arbeitszwanges.

Unter Arbeitszwang wird man verstehen müssen die Befugnis, Personen, die arbeitscheu sind oder ihre Nährpflicht verletzen, so daß ihre An=

gehörigen unterstützt werden müssen, **ohne Richterspruch** — sei es **ohne Kautelen zum Schutze der persönlichen Freiheit, wie in Sachsen, oder mit solchen, wie in Hamburg** — auf eine unbestimmte Zeit, — eventuell wie in Hamburg, so, daß nach einem gewissen Zeitraum die Festhaltung zunächst aufhören muß — in ein **Arbeitshaus einzuweisen, dort zwangsweise festzuhalten und mit den dort eingeführten Arbeiten zu beschäftigen.**

Eine solche Zwangseinweisung in ein Arbeitshaus ist als **Strafe** — darüber besteht allgemeine Übereinstimmung — **unzulässig** und kann als solche durch die Landesgesetzgebung nicht eingeführt werden. Ich zitiere Buehl, der selbst lebhafter Anhänger des Verwaltungszwanges ist: „In § 361 Nr. 5 und 10 St.G.B.", sagt er S. 106 seines schon erwähnten Aufsatzes, „sind diejenigen Pflichtverletzungen unter Strafe gestellt, deren Bekämpfung durch den Arbeitszwang bezweckt wird. Es unterliegt auch keinem Zweifel, daß hier die Materie nach der strafrechtlichen Seite erschöpfend geregelt ist, dergestalt, daß die Landesgesetzgebung weder Strafvorschriften erlassen darf, welche mit denen des St.G.Bs. in Widerspruch stehen, noch solche, welche die reichsgesetzlichen Vorschriften zu ergänzen und eine vermeintliche Lücke des St.G.Bs. auszufüllen bestimmt sind. Soweit das St.G.B. versagt — weil vielleicht die Grenzen des strafbaren Tatbestandes zu eng gezogen sind oder von der Rechtsprechung in Auslegung jener reichsrechtlichen Vorschriften zu eng gezogen werden — ist eine Bestrafung auf Grund Landesrechtes gemäß § 2 des E.Gs. zum St.G.B. ausgeschlossen, weil in jeder vom St.G.B. geregelten Materie eine Bestrafung nur innerhalb der von ihm selbst gezogenen Grenzen möglich ist, während sie außerhalb derselben auch auf Grund landesrechtlicher Vorschriften niemals stattfinden darf."

Aber — sagt man — wenn der Arbeitszwang auch nicht als Strafe zulässig ist, so ist er es doch als polizeiliches **Zwangsmittel**, und als solches ist die Landesgesetzgebung berechtigt, ihn einzuführen.

Prüfen wir, ob diese Ansicht zu Recht besteht.

Das preußische Gesetz vom 21. Mai 1855 gab der Verwaltungsbehörde das Recht, säumige Nährpflichtige unter gewissen Voraussetzungen in ein Arbeitshaus unterzubringen. Das U.W.G. hatte diese Befugnis beseitigt, und die Begründung der Novelle von 1894 lehnte es ausdrücklich ab, der Verwaltungsbehörde ohne Rechtskontrolle eine solche Befugnis wieder beizulegen, legte vielmehr die Entscheidung über das schuldhafte Verhalten solcher Personen in die Hand des Richters. Allerdings wurde bei der Beratung der Novelle betont, die neue strafrechtliche Bestimmung lasse die landesgesetzlich zulässige polizeiliche Zwangsgewalt unberührt. Trotzdem lehnte der Reichstag sogar die im Entwurf vorgesehene Überweisung an die Landespolizeibehörde zum Zwecke der Einweisung in ein Arbeitshaus ab. Gleichviel aus welchem Grunde diese Ablehnung erfolgt ist — es mag sein, daß es hauptsächlich deshalb geschah, weil das Arbeitshaus **arbeitscheue** Leute zur Arbeit erzielen soll, säumige Nährpflichtige aber keineswegs auch arbeitscheu zu sein brauchen, — beiläufig bemerkt ein treffendes Argument gegen den Arbeitszwang für diese Fälle —

immerhin wird man a priori Bedenken haben müssen, eine Maßnahme, die die Reichsgesetzgebung ausdrücklich abgelehnt hat, durch Landesgesetz einzuführen. Auch das preußische Staatsministerium hat bis zum Jahre 1908, wie ein wohl allen größeren Gemeinden zugegangener Erlaß erweist, diese Bedenken geteilt. Keinesfalls kann man sich, wie Buehl es tut, auf einen von ihm erwähnten Beschluß des O.L.G3. Rostock — die einzige bekannt gewordene Gerichtsentscheidung — für die landesgesetzlich zulässige Einführung des Verwaltungszwanges berufen: Das Gericht hat lediglich — mit Recht — angenommen, daß der wegen Freiheitsberaubung angeklagte Beamte an die Rechtsgültigkeit der Mecklenburgischen Gesetzgebung geglaubt habe und daher schon deshalb freizusprechen sei.

Allerdings wird davon auszugehen sein, daß an sich durch Strafvorschriften polizeiliche Maßregeln nicht ausgeschlossen werden. Auch für die Anwendung polizeilichen Zwanges aber bestehen, wie auch Buehl anerkennt, bestimmte Grenzen, die unter allen Umständen respektiert werden müssen. Der Zwang als solcher muß notwendig sein, um die Störungen der öffentlichen Ordnung oder des gesellschaftlichen Zusammenlebens im Interesse der Allgemeinheit zu beseitigen; und die Art der angewendeten Zwangsmittel muß geeignet sein, die Beseitigung des polizeiwidrigen Zustandes unmittelbar herbeizuführen. Polizeiliche Zwangsmittel dieser Art liegen vor, wenn etwa eine Zwangsheilung angeordnet wird oder wenn jemand zur Beobachtung unter Quarantäne gehalten wird. Völlig anders liegt die Sache bei säumigen Nährpflichtigen. Auf die Frage, ob der Zwang als solcher notwendig ist, um die Störungen zu beseitigen, ob es nicht vielmehr andere Mittel gibt, mit denen ein Erfolg erzielt werden kann, soll weiter unten eingegangen werden. Sicher ist aber, daß die Art des Zwangsmittels, die Einweisung in ein Arbeitshaus, nicht geeignet ist, unmittelbar die Beseitigung des polizeiwidrigen Zustandes herbeizuführen. Im Gegenteil: Da es sich keineswegs immer um Müßiggänger handelt, sondern sehr oft um Personen, die reichlichen Verdienst haben, ihn nur nicht für ihre Angehörigen verwenden, kann es bei den geringen Verdienstsätzen in den Arbeitsanstalten sogar dahin kommen, daß Staat oder Gemeinde noch etwas zuschießen müssen, um den säumigen Nährpflichtigen, der wenigstens sich selbst bis dahin voll erhalten hat, zu erhalten. Daß der Verdienst im Arbeitshause aber gar ausreichen sollte, auch die Familie zu ernähren, muß nach den von Buehl angeführten Zahlen, selbst wenn man die höchsten Sätze zugrunde legt, als ausgeschlossen erachtet werden. Bei den Anstalten, bei denen Überschüsse über die Unterhaltskosten angegeben werden, sind augenscheinlich als Unterhaltskosten lediglich die Kosten der bloßen Ernährung angesetzt, dagegen keinerlei Verwaltungskosten oder Kosten der Verzinsung und Tilgung der Baukosten in Ansatz gebracht. Ein täglicher Arbeitsverdienst von 2 Mk., wie er in Stuttart angegeben wird, dürfte aber auch als durchschnittlicher Tagesverdienst viel zu hoch angenommen sein, wie denn Hamburg auch nur auf 1 Mk. Arbeitsverdienst rechnet. Daß man also sagen könnte, man könne dem Zustand der Versäumung der Nährpflicht dadurch ein Ende bereiten, „daß der Armenverband die Kontrolle über den Arbeitsverdienst übernimmt und dafür sorgt, daß der letztere auch der Familie zu gute kommt", wie Buehl es ausdrückt, trifft nicht zu. Fehlt aber diese Möglichkeit, die allein die Anwendung eines polizeilichen Zwangsmittels rechtfertigt, so ist jedes polizeiliche Vorgehen auf diesem Wege, schon weil dem Begriff des polizeilichen Zwanges widerstreitend, unzulässig. Ob es vom Standpunkte des Armenrechtes gesetzlich zulässig ist, auf Grund des Begriffes der Familieneinheit den Säumigen gegen seinen Willen in einer Zwangsanstalt festzuhalten, lasse ich dabei ganz dahingestellt. Keinesfalls kann ich die Auffassung Buehls teilen, daß es außer in den in §§ 360—362 des St.G.Bs. ausdrücklich bestimmten Fällen auch sonst den Verwaltungsbehörden gestattet sein soll, aus rein polizeilichen Rücksichten Überweisungen ins Arbeitshaus auszusprechen. Der Umstand, auf den Buehl besonderes Gewicht legt, daß ein Ausländer an Stelle der Unterbringung im Arbeitshaus aus dem Reichsgebiet verwiesen werden kann, beweist dafür meines Erachtens nicht das geringste. Denn auch diese Ausweisung erfolgt auf Grund einer positiven Bestimmung desselben Strafgesetzbuches, also kraft ausdrücklichen Reichsrechts, und nur in den Fällen, in denen die Überweisung an die Landespolizeibehörde nach dem Gesetz zulässig und ausgesprochen ist.

Noch ein anderes kommt aber hinzu. Niemand wird soweit gehen, der Polizei jedes beliebige Zwangsmittel einzuräumen. So wenig es der Polizeibehörde freisteht — das positive Gesetz verbietet es meines Wissens nirgends —, als polizeiliches Zwangsmittel einmal die Prügelstrafe anzuordnen — was vielleicht in manchen Fällen die sofortige Besserung und das Aufhören eines polizeiwidrigen Zustandes zur Folge haben würde, — so wenig kann sie unter der Firma Zwangsmittel Maßnahmen treffen, die — wohlbemerkt ohne jede Prüfung der Schuldfrage: ich komme darauf unten zurück — in der Wirkung auf zuchthausähnliche Einsperrung auf unbestimmte Zeit mit der Prügelstrafe als Disziplinarmaßregel hinauslaufen. Und auch die Freunde des Verwaltungszwanges sollten sich wohl besinnen, ob durch die Billigung solcher „polizeilicher Maßnahmen" die Rechtsgrundlagen des Staatswesens nicht mehr geschädigt werden, als der — wie ich unten darzutun hoffe — imaginäre Nutzen beträgt, den solche Maßnahmen vielleicht schaffen.

Soweit durch polizeiliche Zwangsmittel die persönliche Freiheit eingeschränkt werden soll, finden sie ihre Grenze an den Bestimmungen der Verfassung.

Für Preußen — und wohl alle deutschen Staaten haben ähnliche Bestimmungen, — bestimmt Artikel 5 der Verfassung:

„Die persönliche Freiheit wird gewährleistet. Die Bedingungen und Formen, unter denen eine Beschränkung derselben, insbesondere eine Verhaftung zulässig ist, werden durch das Gesetz bestimmt."

Das dazu ergangene Gesetz zum Schutze der persönlichen Freiheit vom 12. Februar 1850 gestattet im § 6 zwar, daß Personen zum eigenen Schutz oder zur Aufrechterhaltung der öffentlichen Sittlichkeit, Sicherheit und Ordnung in polizeiliche Verwahrung genommen werden können, schreibt aber vor, daß die Festgenommenen im Laufe des folgenden Tages in Freiheit zu setzen oder der zuständigen Behörde (d. h. den Gerichten) zu überweisen sind.

Diese Grundlagen des modernen Staates sind es, an denen auch die Befugnis der Polizei ihre Grenze haben muß. Daraus ergibt sich aber ohne weiteres, daß polizeiliche Maßnahmen gegen säumige Nährpflichtige, die die Form oder auch nur die Wirkung einer Einsperrung, einer Entziehung der persönlichen Freiheit haben, gesetzwidrig sind. Selbstverständlich muß sich der einzelne im modernen Staatswesen gewisse Beschränkungen der freien Bewegung gefallen lassen. Man braucht dazu gar nicht, wie Buehl es tut, den Impfzwang, den Militärzwang usw. anzuführen; jeder Schritt auf der Straße, ja selbst das gewöhnliche Leben in unserer Wohnung führt uns das täglich vor Augen. Aber etwas ganz anderes als diese Beschränkung des freien Tun und Lassens ist die Beseitigung des ersten Grundrechtes der Verfassung, der persönlichen Freiheit. Auch die Zwangsheilungen und der Quarantänezwang sprechen nicht für die Zulässigkeit der Einsperrung im Verwaltungswege: denn ganz abgesehen davon, daß ihre Grundlage die Reichsseuchengesetzgebung ist, ist das wesentliche bei ihnen nicht die Einsperrung, sondern die Heilung und der Schutz anderer, und von Zwangsarbeit ist überhaupt keine Rede.

Der Arbeitszwang als polizeiliche Maßregel, steht, wie ich dargetan zu haben glaube, im Widerspruch mit der Verfassung: Er stellt ein Zwangsmittel dar, das als solches für den polizeilichen Zwang überhaupt nicht in Frage kommen kann. Ein Zwangsmittel aber auch, das garnicht geeignet ist, das zu bewirken, was das Wesen jedes zulässigen polizeilichen Zwangsmittels ist: die unmittelbare Beseitigung des polizeiwidrigen Zustandes. Seine einzige Wirkung, wenn er eine solche ausübt, kann nur der psychologische Zwang sein — ein Zwang, der nicht unmittelbar den polizeiwidrigen Zustand beseitigen, sondern indirekt, kompulsivisch, durch Androhung eines Übels auf den zu Zwingenden einwirken soll, um ihn abzuschrecken. Ein solcher Zwang aber liegt außerhalb der polizeilichen Kompetenz. Er kann daher durch Landesgesetz und Verwaltungsvorschriften nicht eingeführt werden.

Zu dem gleichen Ergebnis gelangt man, wenn man rein begrifflich das Wesen des Zwangsmittels untersucht.

Ein Arbeitszwang ist in dreierlei Art denkbar:
1. Als Arbeitszwang in der Form, daß einem Hilfsbedürftigen die erbetene Unterstützung in Form von Arbeit innerhalb oder außerhalb einer Anstalt gewährt wird. Das ist die Form, in der bisher in England in der Hauptsache Armenunterstützung gewährt worden ist. Auch in Deutschland ist sie zulässig. Mit dem Augenblick aber, wo der Unterstützte erklärt, daß er auf weitere Unterstützung verzichtet, endet auch dieser Arbeitszwang.

In diesem Falle kann nur uneigentlich von einem Zwangsmittel gesprochen werden. In Wirklichkeit handelt es sich um eine Unterstützung durch Gewährung von Arbeit.

2. Als **wirkliches Zwangsmittel**, um jemand, der eine gesetz-liche Pflicht, also etwa die Nährpflicht, verletzt, zu zwingen, ihr nachzukommen. Im Wesen eines solchen Zwangsmittels liegt es, **daß es den, der gezwungen werden soll, niemals daran hindern darf, das zu tun, was erzwungen werden soll.** Ein solches wirkliches Zwangsmittel ist beispielsweise der **Zeugniszwang**. Er endet mit dem Augenblick, wo die Person, deren Zeugnis erzwungen werden soll, sich **bereit erklärt**, Zeugnis abzulegen. Will man also von einem wirklichen Zwangs-mittel sprechen, so muß auch in unserem Falle der Zwang mit dem Augenblick sein Ende erreichen, wo der zu Zwingende sich bereit erklärt, seiner Pflicht nachzukommen.

Bei der Erörterung des Hamburgischen Gesetzes hat Dr. Wolffson mit vollem Recht darauf hingewiesen, daß die Bestimmung, die **Vollstreckung solle aufgehoben werden, wenn die gesetzliche Voraussetzung der Inhaftierung in Wegfall kommt, in der Person des Inhaftierten überhaupt niemals eintreten kann.** Wie könne man, wenn ein Mensch sitzt, fest-stellen, ob der Mann, wenn er die Freiheit wieder erlangt, seine Familie ernähren will? Wolle man also von einem wirklichen Zwangsmittel sprechen, so müsse dem Inhaftierten die Möglichkeit gegeben werden, jeden Augenblick zu erklären: Ich will jetzt meine Familie ernähren, und damit aus der Haft entlassen zu werden. Nun werde allerdings erwidert, die bloße Erklärung könne nicht genügen, solange der Mann nicht durch Tatsachen den Willen zeigt, sich zu bessern. Aber wie er das möglich machen soll, sei schwer verständlich, da jede Möglichkeit fehlt, solange er sitzt, zu prüfen, ob er seine Erklärung auch in die Tat umsetzen wird.

Freilich führte bei den Verhandlungen im Anhaltischen Land-tage der Abgeordnete Artl aus: „Wenn ein arbeitsscheuer Trunken-bold sich schon nach 14 Tagen bessert und sich so beträgt, daß man die Überzeugung gewinnt, der Mann wird jetzt in der Lage sein, seine Familie zu ernähren, so müßte es ja eine hirnverbrannte Behörde sein, die den Mann noch weiter in der Zwangsarbeit belassen wollte". Aber Dr. Wolffson in Hamburg hat mit Recht darauf erwidert: „Man macht doch Gesetze nicht verkehrt und lückenhaft, weil man der Hoffnung und Überzeugung ist, daß der-jenige, der mit der Ausführung der Gesetze betraut ist, nicht töricht sein wird. Man macht die Gesetze so, daß sie denjenigen, die sie ausführen sollen, bestimmte und klare Instruktion erteilen". Und Hamburg hat denn auch in der Tat die Bestimmung getroffen, daß der Eingesperrte erst dann das Recht hat, seine Entlassung zu ver-langen, wenn er mindestens ein Jahr lang gesessen hat.

3. Endet also der Arbeitszwang nicht, sobald der zu Zwingende sich bereit erklärt, das zu tun, wozu er gezwungen werden soll, so kann nur dem Namen und dem Schein nach von einem wirklichen Zwangsmittel die Rede sein. Es mag sein, daß es unter Um-

ständen notwendig und zweckmäßig sein kann, den Mann festzuhalten: nur soll man dann **nicht von einem Zwangsmittel reden**, sondern die Sache als das bezeichnen, was sie ihrem Wesen nach ist: nämlich eine Strafe. Um so mehr, wenn es in der Macht der Behörde steht, sie von vornherein und ohne Rücksicht auf das weitere Verhalten des zu Zwingenden zunächst auf eine bestimmte Dauer festzusetzen. Wenn Buehl ausführt, die Behörde werde in ihrem eigenen Interesse den Insassen Gelegenheit zum Erlangen von Arbeit bieten, eventuell mit geeigneten Arbeitsvermittelungsstellen Verbindungen anzuknüpfen, und jedenfalls dafür Sorge zu tragen haben, daß die Insassen nicht länger als irgend nötig in der Anstalt festgehalten werden, so übersieht er, daß er selbst kurz vorher erwähnt hat, daß es sich **keineswegs um Leute handelt, die nicht arbeiten wollen oder keine Arbeit haben**. Wenn lediglich die Verschaffung von Arbeit der Zweck des ganzen Verfahrens wäre, so könnte man es sich ersparen, sie erst zwangsweise festzuhalten und aus ihrer bisherigen Arbeit herauszureißen. Wo die Grenze „nicht länger als irgend nötig" gezogen werden soll, darüber läßt sich auch Buehl nicht aus. In der Tat fehlt es an jeder Möglichkeit, sie zu ziehen. Man hat daher nicht mit Unrecht das Verwaltungszwangsverfahren als ein Verfahren bezeichnet, das es gestattet, im Verwaltungswege **jemand auf beliebig lange Zeit, ohne die Möglichkeit davon loszukommen, in eine Zwangsanstalt einzusperren**.

Jede Strafe setzt freilich eine Schuld voraus. Mustert man die landesgesetzlichen Bestimmungen über den Arbeitszwang, so wird man allerdings das Wort „schuldhaft" vergeblich suchen. Will man etwa den Mann, der **ohne jedes Verschulden**, etwa durch Krankheit, oder durch Aussperrung oder aus anderen Ursachen in die Lage gekommen ist, seine Familie nicht mehr ernähren zu können, dem Arbeitszwange unterwerfen? Sicher nicht! Nur die **schuldhafte, böswillige Versäumung der Nährpflicht soll getroffen werden**. Das aber sagt man nicht: ja man läßt mit vollem Bewußtsein das Wort „schuldhaft", also die Voraussetzung des Einschreitens, fort! Und weshalb? — Lediglich, weil mit dem Augenblick, wo man das Wort „schuldhaft" einfügt, der **Arbeitszwang, wie auch das Reichsjustizamt betont hat, auch formell aus einem Zwangsmittel zu einer Strafe, und damit ungesetzlich und unzulässig wird. Ein circulus vitiosus also, wie er schlimmer nicht gedacht werden kann**: Ein Gesetz, das der Verwaltung gestattet, Leute zu zwingen, die sie gar nicht zwingen will: Ein Gesetz, in dem sie verheimlichen muß, was sie eigentlich will: gegen schuldhaft handelnde Personen vorgehen, — um nicht das ganze Gesetz als ungültig in Frage zu stellen.

Und weiter, worauf Dr. Wolffson bei der Beratung des

Hamburgischen Gesetzes hingewiesen hat: Wenn wir berechtigt sind, den Arbeitszwang **auf unbestimmte Zeit** anzuordnen, — warum dürfen wir ihn nicht von vornherein auf eine bestimmte Zeit beschränken? — Warum? — Weil man den Arbeitszwang dann eben sofort als das erkennen würde, was er in Wahrheit ist, gleichviel ob man ihn für bestimmte oder unbestimmte Zeit verhängt: ein Mittel, das Besserung erzielen soll, indem es **abschreckt: kein Mittel zur unmittelbaren Beseitigung eines polizeiwidrigen Zustandes**, sondern **eine Strafe!** Eine Strafe, die **nur durch ein Reichsgesetz und nur auf Grund eines Richterspruchs** eingeführt werden kann, deren Grundlagen in den Landesgesetzen daher als null und nichtig bezeichnet werden müssen.

2. Sittliche Bedenken.

Der zurzeit in sechs deutschen Bundesstaaten bestehende polizeiliche Arbeitszwang gestattet es in einzelnen Bundesstaaten dem Dezernenten der beteiligten Armenverwaltung oder einem aus Mitgliedern dieser Verwaltung bestehenden Kollegium, jemand, der seine Nährpflicht verletzt, im Wege der nur mit der Beschwerde im Aufsichtswege angreifbaren Verfügung, ohne daß er auch nur gehört zu werden braucht — in anderen Bundesstaaten im Wege des nach mündlicher Verhandlung gefaßten Beschlusses, — auf beliebig lange Zeit, in Hamburg mindestens auf zunächst ein Jahr, in ein Arbeitshaus einzusperren. In ein Arbeitshaus, das sich von den bestehenden Korrektionsanstalten oder Zuchthäusern nur dem Namen nach oder durch Kleinigkeiten unterscheidet, in Sachsen jedenfalls über alle Disziplinarmittel solcher Anstalten, auch die Prügelstrafe, verfügt. In den neueren Landesgesetzen, so insbesondere in Hamburg, hat man als Schutz gegen Willkür sogenannte „Kautelen" für den Angeschuldigten geschaffen: in der Hauptsache die Verpflichtung, ihn vorher zu **hören**, eine **mündliche Verhandlung** stattfinden zu lassen und das Recht, gegen den Internierungsbeschluß — **aber ohne aufschiebende Wirkung** — die Klage vor den ordentlichen Gerichten zu erheben.

Sind das wirkliche Kautelen, wie man sie in einem Rechtsstaat, in dem wir doch leben, zum Schutze der persönlichen Freiheit des einzelnen fordern muß? Kautelen, die die Freiheit jedes Staatsbürgers gegen jede Willkür sichern, wie es selbst ein schwerer Verbrecher für sich beanspruchen kann?

Münsterberg hat früher einmal gesagt: Die Armenverwaltungen sind einig, daß ihnen hier geholfen werden muß: weshalb ihnen also nicht in der Weise helfen, wie sie es selbst wünschen und ihnen ein Verfahren zur Verfügung stellen, das „weniger von formaler Jurisprudenz als von der Praxis des Lebens beherrscht wird"?

Die „Frankfurter Zeitung" hat darauf geantwortet: „Den Armenverwaltungen soll nicht in dieser Weise geholfen werden, weil nicht bloß die Armenverwaltungen, sondern auch die Armen selbst in Betracht kommen.

Wenn in wohlhabenden Familien der Mann davonläuft, so kümmert sich das Strafgesetzbuch gar nicht darum. Strafbar wird das Verlassen der Familie nur in den unteren Volksklassen, wo die Armenpflege eintritt. Wenn jetzt sogar der Richterspruch abgeschafft und die Einsperrung ins Arbeitshaus nach bloßer „Anhörung" des Angeschuldigten der Verwaltung überlassen werden soll, so heißt das, mit der persönlichen Freiheit der unteren Volksklassen leichtfertiger umgehen als mit der der oberen."

Die „Frankfurter Zeitung" hat damit den Kernpunkt der Sache zutreffend bezeichnet.

Ein Verwaltungsverfahren im Gegensatze zum gerichtlichen Verfahren — ein Verfahren, das weniger von formaler Jurisprudenz als von der Praxis des Lebens beherrscht wird —, wer wollte ein solches Verfahren nicht gern wünschen? Freilich wird die Praxis des Lebens wahrscheinlich bei den Laienmitgliedern des Verwaltungskollegiums ebenso oft versagen, wie das jetzt bei den Laienschöffen, die doch schon heute die Mehrheit im Schöffengericht bilden, der Fall zu sein scheint. Arbeiter als Schöffen, das wäre eine Lösung, die vielleicht am ersten zu härteren Strafen gegen säumige Nährpflichtige führen würde.

Schon der äußere Umstand, daß dieselbe Behörde, die die Familie unterstützen muß, auch die Trägerin des Zwangsverfahrens gegen den säumigen Nährpflichtigen ist, gibt zu lebhaften Bedenken Anlaß. Ein Verfahren, bei dem die finanziell interessierte Behörde zugleich als Ankläger und als Richter auftritt, muß notwendig Zweifel an der Objektivität der Beurteilung erwecken. Und nicht mit Unrecht. Niemand kann aus seiner Haut heraus, und auch der Beamte, der mit Recht auf seine Objektivität stolz ist, kann von der Tatsache nicht unbeeinflußt bleiben, daß es sich um einen Mann handelt, der — oft frivoler Weise — die Kommune zu großen Aufwendungen für seine Familie genötigt hat. Das fiskalische Interesse an der Sache läßt sich auch gar nicht in Abrede stellen. Die Motive zu dem württembergischen Gesetz vom 2. Juli 1889 machen daraus kein Hehl und stellen den Arbeitszwang geradezu als eine Art Entschädigung der Armenbehörde hin.

Aber auch wenn dies Bedenken der Vereinigung von Kläger und Richter in einer Person fortfiele, so bliebe das Schlimmere: Nicht die Verletzung der Nährpflicht an sich, mag sie noch so offenkundig sein, ja zu einem öffentlichen Skandal geführt haben und jedem sittlichen Gefühl Hohn sprechen, soll die Behörde zum Einschreiten berechtigen, sondern erst die Notwendigkeit, infolge der Verletzung Armenunterstützung zu gewähren. Ich verkenne nicht, daß auch gegen § 361, 10 St.G.B., der ja zur Bestrafung Gewährung einer Armenunterstützung voraussetzt, das gleiche Bedenken erhoben werden kann. Vom sittlichen Standpunkt wäre vielleicht eine allgemeine Strafbestimmung gegen jedermann, auch wenn keine Armenunterstützung gewährt wird, gerechtfertigt. Sie würde auch die weitere nicht unbedenkliche Tatsache beseitigen, daß von der gegenwärtigen Strafbestimmung in der Hauptsache nur die Angehörigen bestimmter Bevölkerungsklassen getroffen werden. Diese Einseitigkeit teilt § 361, 10 aber mit zahlreichen anderen Strafvorschriften:

ein wohlhabender Mann wird schwerlich wegen Bettelns, ein Arbeiter schwerlich wegen Duellvergehens bestraft werden. Etwas ganz anderes aber ist es, **darüber hinaus einen Unterschied in der Behandlung auch im Verwaltungswege einführen.** Das würde in der Tat nichts anderes bedeuten, als: die Freiheit des Armen, **lediglich weil er zugleich arm ist, bei gleicher sittlicher Verfehlung minder hoch einschätzen als die des Wohlhabenden.** Welche Verschärfung das in den Gegensätzen zwischen den verschiedenen Bevölkerungsklassen mit sich bringen müßte, liegt auf der Hand.

Sittliche Bedenken solcher Art haben bisher bei der Erörterung der wünschenswerten Mittel zur Abwehr der aus der Nährpflichtverletzung erwachsenden Schwierigkeiten keine Beachtung gefunden. In dem bringenden Wunsche auf allen Seiten, ein geeignetes Abwehrmittel zu erhalten, hat man nur die vermeintlichen anderwärts erzielten Erfolge gesehen. Auch die Tatsache, daß der Arbeitszwang in Sachsen seit fast 70 Jahren, in Württemberg seit 20 Jahren als etwas ganz Selbstverständliches und Harmloses angesehen wird, hat darüber hinwegsehen lassen können. Aber auch die bisherigen Anhänger eines Verwaltungszwangsverfahrens muß es stutzig machen, wenn sie hören, daß man in Sachsen und Württemberg **als ganz ebenso selbstverständlich und harmlos** das Recht in Anspruch nimmt, jeden, der auch nur für sich wegen Hilfsbedürftigkeit um Armenunterstützung nachsucht, im Dezernatswege auf beliebige Zeit in ein Arbeitshaus einzusperren! Sicher wird man annehmen dürfen, daß von dieser Befugnis in den größeren Städten mit ihren juristischen Dezernenten nur mit äußerster Vorsicht Gebrauch gemacht und ein Mißgriff kaum vorkommen wird. Aber — wie schon einmal zitiert —: „Man macht doch Gesetze nicht verkehrt, weil man hofft, daß der, der sie auszuführen hat, nicht töricht sein wird!" Vor allem aber darf man nicht nur an die großen Städte denken. Auch im Deutschen Verein ist oft erörtert worden, wie mangelhaft die Armenpflege vielfach auf dem Lande geübt wird, wie oft hier geradezu frivole Abschiebungen vorgekommen sind: Welche Waffe aber eine Einsperrungsbefugnis — auch mit allen Kautelen, aber ohne aufschiebende Wirkung — unter dem harmlosen Namen eines „Verwaltungszwangsverfahrens" in den Händen eines übelwollenden kleinen Armenverbandes werden kann, liegt auf der Hand.

Worin können denn die „Kautelen", von denen immer gesprochen wird, bestehen? Soll etwa ein uninteressierter (fremder) Kreis- oder Stadtausschuß entscheiden, der höchstens alle Monate einmal zusammentritt, — wie das jetzt in Preußen bei den Beschlüssen zur Heranziehung unterhaltspflichtiger Angehöriger geschieht? Soll **das** aber die „prompte Justiz" sein, die von allen Seiten gefordert wird? Womöglich mit den üblichen Rechtsmitteln, selbstverständlich wie überall mit aufschiebender Wirkung und daher — wie es der Vertreter einer großen Armenverwaltung bei den Verhandlungen von 1898 ausgedrückt hat, „den tausend Möglichkeiten, die Sache zu verschleppen"? Was man erstrebt, ist etwas ganz anderes. Flesch hat 1898 sehr treffend darauf hingewiesen. „Hätten wir die sächsischen Verhältnisse in Frankfurt, so wäre ich in der Lage, einen Menschen, den ich für arbeitsscheu halte, von meinem Armenamte ohne weiteres ins Armenhaus zu schicken. Wäre umgekehrt das Verwaltungsverfahren mit den 'erforderlichen Kautelen' umgeben, dann müßte ich, wenn sich der Mann nicht gutwillig ins Arbeitshaus stecken läßt, sondern Beschwerde erhebt, die Akten dem Bezirksausschuß vorlegen und dürfte natürlich zunächst nichts gegen den Mann vornehmen ... Jede Behörde könnte Zeugen vernehmen ..." Das wäre also ein Verfahren, genau so sorgfältig, aber auch genau so lange dauernd, wie ein ordentliches richterliches Verfahren — ein Verfahren aber, das sicher den Wünschen der Anhänger des Verwaltungszwanges nicht entspricht.

Ob bei dem „prompten" Verfahren die Entscheidung durch den Dezernenten oder, wie in Hamburg, durch ein Kollegium erfolgt, das aus Mitgliedern derselben Behörde zusammengesetzt ist, ändert an der Tatsache, daß Interessent, Ankläger und Richter mindestens nach außen als eine Person erscheinen, nichts. Ich gebe zu, daß Hamburg durch die Forderung einer Stimmenmehrheit von vier zu eins, und durch die Befugnis des Gerichts, nach Erhebung der Klage den Aufschub der Vollstreckung anzuordnen, Bestimmungen getroffen hat, die man als einen gewissen Schutz des Angeschuldigten bezeichnen kann. Die Hauptbedenken: Entscheidung in eigener Sache und ohne aufschiebende Wirkung, bleiben aber bestehen.

Zu alledem kommt nun weiter ein Umstand, der das Verwaltungszwangsverfahren fast als eine Verhöhnung der fundamentalsten Sätze der modernen Armenpflege erscheinen läßt. Wie auch das Verfahren gestaltet sein mag — die entscheidende Behörde muß sich, wenn sie nicht gegen das Gesetz verstoßen will, ängstlich davor hüten, in eine Prüfung der Schuld des Angeschuldigten einzutreten! Ich habe den juristischen Widersinn dieses Satzes schon oben darzulegen versucht. Selbstverständlich wird sich keine Behörde daran kehren: denn was sollte sie sonst eigentlich prüfen, wenn nicht die Frage, ob der Angeschuldigte schuldhafterweise, d. h. obgleich er imstande war, ihr nachzukommen, seine Nährpflicht verletzt hat? Ein Gesetz aber, das die Behörden, die es anzuwenden haben, zwingt, es täglich bewußt zu verletzen, das ist, ganz abgesehen von der juristischen Ungeheuerlichkeit, wohl das Vernichtendste, was man vom sittlichen Standpunkt über ein Gesetz sagen kann. Und solche Ungeheuerlichkeiten gar auf einem Gebiete, wie die Armenpflege, die es heute als ihre vornehmste Aufgabe erkannt hat, über das bloße gedankenlose Almosengeben hinaus gerade die Ursachen der Armut zu erforschen, der eigenen Verschuldung nachzugehen und zu versuchen, zur rechten Zeit und an den rechten Stellen den Hebel einzusetzen, um die Verarmung wenn möglich wieder zu beseitigen. Auf der einen Seite den sozialen Ursachen nachgehen, die sozialen Verhältnisse erforschen, die auch bei den Unterstützungen eheverlassener Frauen oft zur Beurteilung der Schuldfrage von größter Bedeutung sind: auf der anderen Seite aber jede Erörterung der Schuldfrage vermeiden, — oder, wenn man das als widersinnig erkennt, bewußt gegen das Gesetz verstoßen! Wählt man übrigens den zweiten Weg, so heißt das, wohlgemerkt, nichts anderes, als durch die Einweisung einer Person in das Arbeitshaus wegen schuldhafter Verletzung ihrer Nährpflicht eine mindestens objektiv strafbare Handlung begehen: denn das Reichsjustizamt hat mit Recht die Ausmerzung der Voraussetzung des schuldhaften Verhaltens aus dem Hamburger Entwurf verlangt, damit er gegenüber dem Reichsstrafrecht bestehen kann: Wird also trotzdem die Schuldfrage geprüft, so wird eine Strafe verhängt, die das Reichsrecht nicht zuläßt, und das Oberlandesgericht Rostock würde vielleicht, wenn es die Frage erneut zu prüfen hätte, nicht immer zur Annahme des guten Glaubens des inhaftierenden Beamten gelangen.

3. Das Verwaltungszwangsverfahren ist unwirksam.

Soll trotz so schwerer rechtlicher und sittlicher Bedenken dennoch ein polizeilicher Arbeitszwang in Erwägung gezogen werden, so müßte meines Erachtens wenigstens die Wahrscheinlichkeit bestehen, daß er einen irgendwie nennenswerten Erfolg verspricht. Ich behaupte, daß das Gegenteil zutrifft.

Schon a priori wird jeder, der unsere Arbeitshäuser und Korrektionsanstalten kennt, mit äußerstem Skeptizismus an die Frage nach ihren Erfolgen herantreten. Unsere Korrektionsanstalten sollen Besserungsanstalten sein: In Wirklichkeit bessern sie nicht — die seltenen Ausnahmen bestätigen lediglich die Regel — sondern — das ist wohl die allgemeine Meinung — sie züchten geradezu Verbrecher. Auf einem anderen Gebiet, dem der Fürsorgeerziehung, wo die Verhältnisse sehr ähnlich liegen, ist der Mißerfolg mit den bisherigen, den Korrektionsanstalten wesentlich gleichartigen Fürsorgeerziehungsanstalten neuerdings in Preußen auch amtlich anerkannt worden. Für die allgemeine Ansicht über die Korrektionsanstalten aber zitiere ich einen Mann, dem sicher niemand Sachkunde auf diesem Gebiet absprechen wird, den Vorsitzenden des Zentralvorstandes deutscher Arbeiterkolonien, v. Massow. In einer kleinen 1909 erschienenen Schrift „Die deutschen Arbeiterkolonien und die Fürsorge für die Erwerbsbeschränkten" sagt er auf S. 11: „Im deutschen Staatshandbuch sind diese Anstalten vielfach unter dem Titel ‚Besserungsanstalten' aufgeführt; diesen Zweck erfüllen sie aber, darüber herrscht fast keine Meinungsverschiedenheit, nicht".

Immerhin könnten die Arbeitshäuser, wenn auch nicht als Besserungs-, so doch als Abschreckungsanstalten wirken. Aber die Erfahrung vieler Jahrhunderte belehrt uns darüber, daß drakonische Strafen und Zwangsmittel nicht immer abschreckend wirken. Im Strafrecht hat man die reine Abschreckungstheorie denn auch längst aufgegeben. Nur in seltenen Fällen denkt der Verbrecher im Augenblick der Tat an ihre Folgen. Am allerwenigsten bei einer Straftat wie die Verletzung der Nährpflicht, die nicht aus einem augenblicklichen Entschlusse, sondern aus einer allmählich entstandenen Situation herauswächst. Und ist der Aufenthalt des Säumigen, wie es oft der Fall ist, nicht zu ermitteln, so verfehlen selbst die härtesten Zwangsandrohungen ihre Wirkung.

Diese aprioristische Meinung von der völligen Unwirksamkeit der Drohung mit dem Arbeitshause findet aber ihre Bestätigung durch die Zahlen aus den Ländern und Städten, die das Verwaltungszwangsverfahren, zum Teil, wie Sachsen, seit fast 70 Jahren, handhaben. Leider liegen nur zwei statistische Aufnahmen vor: Die vor zwölf Jahren vom Deutschen Verein veranlaßte für das Jahr 1896, und die weniger umfassende neue Umfrage des Herrn Mitberichterstatters, deren Ergebnisse ich, wie schon erwähnt, leider nur zu einem Teil benutzen konnte.

Sachsen hatte 1896 seit 56 Jahren ein Verfahren, wie es schärfer sicher nicht gedacht werden kann: ein Verfahren, das, ohne andere Rechtsmittel als die Beschwerde im Aufsichtswege, vom Schreibtisch aus das Arbeitshaus auf beliebige Zeitdauer zu dekretieren gestattete. Ein solches Verfahren müßte, so sollte man doch meinen, wenn der Verwaltungszwang überhaupt eine Wirkung ausübt, so abschreckend wirken, daß nur in seltenen Fällen überhaupt Nährpflichtverletzungen in Sachsen vorkommen müßten. Und die Wirklichkeit? — Im Jahre 1896 hatte das **Königreich Sachsen nächst Hamburg überhaupt den größten Prozentsatz pflichtvergessener Männer in ganz Deutschland aufzuweisen!** Und Leipzig und Dresden, die beiden größten sächsischen Städte, die in weitestgehendem Maße von dem an Schärfe kaum zu übertreffenden sächsischen Verfahren Gebrauch machten, standen 1896 unter 20 Großstädten schon an dritter und fünfter Stelle: nur Hamburg, Bremen, in denen beiden augenscheinlich die besondere Eigenart der Bevölkerung nicht ohne Einfluß war, und Breslau hatten höhere Prozentsätze aufzuweisen!

Will man das wirklich als einen Erfolg bezeichnen? Oder soll etwa das der große Erfolg des sächsischen Zwangsverfahrens sein, daß die Aufforderung, für die Familie zu sorgen, in ganz Deutschland 1896 bei 59 Proz., in Sachsen aber nur bei 42 Proz. der Aufgeforderten erfolglos blieb?! Um solche Erfolge zu erzielen, bedarf es wirklich nicht des Verwaltungszwanges; gleiche Erfolge sind in zahlreichen Großstädten auch ohne ihn zu verzeichnen gewesen. Die Hauptsache aber, die abschreckende Wirkung der, sit venia verbo, Strafandrohung, die dahin führen sollte und müßte, Straftaten gar nicht erst entstehen zu lassen, ist in Sachsen 1896 völlig ausgeblieben.

Auch die mecklenburgischen Städte zeigten 1896 recht hohe Zahlen trotz ihres Zwangsverfahrens. Württemberg hatte allerdings niedrigere Zahlen aufzuweisen: aber ihre Beweiskraft wird ohne weiteres dadurch entkräftet, daß **Bayern ohne das Zwangsverfahren noch günstiger dasteht**. Augenscheinlich handelt es sich um Verschiedenheiten des norddeutschen und süddeutschen Charakters, die sich auch bei der Verletzung der Nährpflicht bemerkbar machen.

Vor allem aber muß in Mecklenburg und Sachsen die 1896 angegebene hohe Zahl der Rückfälle stutzig machen. Hätte, wenn nicht, wie man erwartete, schon die Androhung, so doch wenigstens die tatsächliche Einsperrung in das Arbeitshaus ohne Richterspruch irgendwelche abschreckende Wirkung, so müßte der Prozentsatz der Rückfälligen minimal sein. In Wirklichkeit sind aber im Arbeitshause in Güstrow nicht weniger als 17 Proz. Rückfällige beobachtet worden, während für ganz Sachsen sogar 30—40 Proz. Rückfälle angegeben wurden.

Und das Ergebnis der neuen Umfrage für das Jahr 1907?

Leipzig, das wohl als typisches Beispiel für den Arbeitszwang gelten kann, hatte 1907 bei überhaupt 3457 laufend Unterstützten eine Monatszahl von nicht weniger als 252 Familien, die wegen Verletzung der Nährpflicht unterstützt werden mußten. In 99 Fällen wurde gegen säumige Nährpflichtige, in 209 Fällen gegen Arbeitscheue vom Arbeitszwange Gebrauch gemacht. Und der Erfolg: Bei den 99 Fällen der Nährpflichtversäumnis ein Dauererfolg in 35 Fällen, also nur einem Drittel, bei den Arbeitscheuen gar nur in 46 Fällen, d. h. in wenig mehr als 20 vom Hundert! Sind das schon sehr bescheidene Erfolge, wie sie zahlreiche andere Städte auch ohne den Arbeitszwang mit den sehr beschränkten jetzigen sonstigen Mitteln erreicht haben, so muß noch mehr die von Leipzig angegebene ungeheure Zahl der Rückfälligen auffallen: unter den 99 ins Arbeitshaus Eingesperrten 50 (!), also über die Hälfte, zum erstenmal 22, (!), also über ein Fünftel, zum zweitenmal, und nicht weniger als 11 sogar zum drittenmal rückfällig! Eine schärfere Kritik des völligen Versagens des vielgerühmten sächsischen Arbeitszwanges ist kaum möglich.

Noch zwei andere Städte möchte ich anführen, die erst seit kurzem vom Arbeitszwange Gebrauch zu machen in der Lage sind: Dessau und Hamburg.

In Dessau auf 681 überhaupt laufend Unterstützte 88 (!) Unterstützungen wegen Verletzung der Nährpflicht, 66 Fälle der Anwendung des Arbeitszwanges und ein Dauererfolg in — 4 Fällen!

In Hamburg auf 8898 laufende Unterstützungen 1525 wegen Nährpflichtverletzung, 35 Fälle der Anwendung des Arbeitszwanges und ein Dauererfolg in — 3 Fällen!

Jede Kritik solcher „Erfolge" des Arbeitszwanges erübrigt sich wohl.

Sollten die württembergischen Städte, deren Zahlen mir nur von Ludwigsburg (fünfmal Arbeitszwang, einmal Dauererfolg) vorliegen, wirklich günstigere Ergebnisse zeigen, so wird sicher auch diesmal Bayern ohne Arbeitszwang ein gleichgünstiges Ergebnis aufweisen.

Gegenüber diesen Erfolgen auch des Jahres 1907 ergeben die zwölf Städte ohne Arbeitszwang Bochum, Breslau, Cassel, Cöln, Crefeld, Charlottenburg, Elberfeld, Erfurt, Essen, Hannover, Karlsruhe und Mainz, aus denen mir die Zahlen für 1907 vorliegen, folgende Resultate schon mit den bisherigen Mitteln:

Aufforderungen zur Erfüllung der Nährpflicht in 1284 Fällen, davon mit Erfolg 429, also etwa ein Drittel; Strafanzeigen aus § 361, 10 St.G.B. in den zwölf genannten Städten außer Bochum (das keine Zahlen angibt), zugleich aber noch in Halle, Kiel und Rixdorf (wo die vorigen Zahlen fehlen) in 312 Fällen; Verurteilungen in 208 Fällen, und Dauererfolg infolge der Bestrafung in 54 Fällen, d. h. etwa einem Viertel, — gewiß nicht viel, aber doch wesentlich mehr als in Dessau und Hamburg und nicht so sehr erheblich weniger als in Leipzig mit dem Arbeitszwang.

Ganz besonders günstige Erfolge hat von den genannten 15 Städten Bochum mit seinem strafrechtlichen Vorgehen auf Grund des im allgemeinen sehr skeptisch beurteilten § 361, 5 St.G.B. aufzuweisen: Bei 87 Fällen, wo dieser Strafantrag gestellt wurde, ist die Bestrafung 46 mal, also bei mehr als der Hälfte, von Erfolg gewesen und hat zur Besserung geführt.

Sind das alles auch nur Teilergebnisse, so erstrecken sie sich doch auf die verschiedensten Teile Deutschlands, so daß man wohl im großen und ganzen wird annehmen können, daß auch das Gesamtergebnis davon kaum wesentlich abweichen wird.

Noch ein anderes aber zeigen die Zahlen außer der Tatsache, daß es möglich ist, schon heute mit den beschränkten gegebenen Mitteln annähernd dieselben Erfolge zu erzielen, wie mit dem Arbeitszwang.

1284 mal wurde zur Erfüllung der Nährpflicht aufgefordert und 429 mal dabei Erfolg erzielt. Es bleiben also 855 Fälle übrig, in denen die Aufforderung erfolglos war, und man sollte erwarten, daß in ihnen allen wenigstens der Versuch gemacht worden wäre, im Wege des Strafverfahrens Besserung zu erzielen. Ein Strafverfahren ist aber nur 312 mal, also in wenig mehr als einem Drittel der Fälle eingeleitet worden. Was folgt daraus? Man darf wohl annehmen, daß — wie ich es für Charlottenburg versichern kann — überall, wenn an der Schuld des säumigen Nährpflichtigen kein Zweifel war, und anderseits seine Fähigkeit zur Erfüllung der Nährpflicht feststand, auch der Versuch der strafrechtlichen Ahndung gemacht worden ist: Wenn also nur 312 mal strafrechtlich vorgegangen worden ist, so wird man daraus folgern dürfen, daß entweder die eine oder die andere der beiden ebengenannten Voraussetzungen in den übrigen Fällen gefehlt hat. Das weist darauf hin, daß die Ursachen auch hier nicht außer acht gelassen werden dürfen, und daß man sich davor hüten sollte, aus der bloßen Tatsache, daß zahlreiche Familien wegen Nichterfüllung der Nährpflicht des Familienhauptes unterstützt werden müssen, auf die wirkliche Größe des Übels, das man bekämpfen will, zu schließen. Man soll den Umfang, den die schuldhafte Außerachtlassung der Nährpflicht angenommen hat, nicht unterschätzen, aber auch nicht überschätzen.

Immerhin ist anzuerkennen, daß bessere Zwangsmittel als die bisher im größten Teil Deutschlands zulässigen dringend erwünscht sind. Ich schließe daher an die negative Kritik des Allheilmittels, von dem sich die meisten bisher eine völlige Wendung versprechen, einige kurze

Vorschläge für die Zukunft.

Das einzige Mittel, das heute der Armenpflege zu Gebote steht, um die Versäumung der Nährpflicht zu bekämpfen, ist — abgesehen von der privat- und verwaltungsrechtlichen Heranziehung zur Erstattung der Aufwendungen — die Strafe aus § 361, 10 St.G.B., die Feststellung einer Übertretung, die mit Haft bis zu sechs Wochen oder Geldstrafe bis zu 150 Mk. geahndet werden kann. So gering das Höchstmaß der Strafe festgesetzt ist, schon jetzt lassen sich damit, wenn auch nur kleine, Erfolge erzielen. Würden mehr als bisher Arbeiter, also Standesgenossen, zu Schöffen berufen, so ist, wie schon früher betont, mit Sicherheit anzunehmen, daß sie in ihrer großen Mehrheit gerade diese Straftat, und noch mehr die Arbeitscheu, schärfer beurteilen würden, als das jetzt meist geschieht. Geringfügige Geldstrafen, wie sie jetzt noch oft verhängt werden, würden sicher wenigstens bei schwerer liegenden Fällen kaum mehr vorkommen.

Daß die Versäumung der Nährpflicht überhaupt in den Abschnitt „Übertretungen" des Strafgesetzbuchs eingereiht worden ist, darin liegt meines Erachtens der Hauptfehler des bisherigen Rechtszustandes. Es ist nicht abzusehen, weshalb eine Straftat wie die frivole Verletzung der Nährpflicht, während der Mann gleichzeitig seinen reichlichen Verdienst mit einer anderen Person vergeudet, — nicht der Regelfall, als den ihn früher einmal Münsterberg hingestellt hat, aber immerhin ein nicht selten vorkommender Fall — nicht ebenso hart bestraft werden soll, wie etwa ein Diebstahl, auf dem heute eine Strafe bis zu fünf Jahren Gefängnis steht. Will man also besser als bisher Wandel schaffen, so scheint mir die erste Voraussetzung die, die Straftat aus ihrer jetzigen Stellung im Strafgesetz, in die sie offenbar rein zufällig geraten ist, herauszunehmen und sie unter die Vergehen einzuordnen. Gewiß wird für leichte Fälle auch dann Haft- oder Geldstrafe zuzulassen sein. Als Regel für die schwereren Fälle aber wird Gefängnisstrafe festzusetzen sein.

Auch die Zuständigkeit erscheint dringend einer Änderung bedürftig. Ohne den Schöffengerichten zu nahe zu treten: das eine wird man als Vorzug der Strafkammern anerkennen müssen, daß vor ihnen — was sich ja auch in den Grundsätzen über die Beweisaufnahme ausspricht — mit ganz anderer Gründlichkeit verhandelt wird als vor den Schöffengerichten. Laienmitglieder werden künftig ja voraussichtlich auch in ihnen sitzen, so daß das Bedenken, gerade diese Straftat nur von Berufsrichtern aburteilen zu lassen, sich erledigen dürfte. Die „prompte" Justiz, die die Anhänger des Verwaltungszwangs im Auge haben, wird freilich nicht immer zu erreichen sein: Dafür aber eine um so gründlichere und sachgemäßere. Eine größere Beschleunigung würde allerdings hier unter allen Umständen am Platze sein. Warum sollte sie sich aber nicht schon jetzt durch eine einfache Anordnung des Ministers erreichen lassen? Daß das sehr wohl möglich ist, hat das Verfahren vor den Jugendgerichten erwiesen; und was bei Haftsachen kraft Gesetzes geschehen muß, wird sich auch durch eine verständige Verwaltungspraxis möglich machen lassen.

Wird das Strafverfahren materiell und formell so umgestaltet, so wird dann auch kein Bedenken sein, in dem Verfahren vor der Strafkammer auch die Überweisung an die Landespolizeibehörde behufs Vollstreckung einer weiteren, aber vom Gericht in ihrer Dauer festzusetzenden Nachhaft zuzulassen. Der gegenwärtige Rechtszustand, der es, zwar nicht bei Verletzung der Nährpflicht, wohl aber bei Arbeitscheu, Betteln usw. dem Schöffengericht gestattet, **in ganz summarischer Verhandlung** — man muß ihr in Berlin einmal beigewohnt oder ihre Schilderung gelesen haben — **auf einige Tage Haft zu erkennen, daneben aber für den Angeklagten eine Folge auszusprechen, die im Verwaltungswege seine langfristige Einsperrung in eine zuchthausähnliche Anstalt zur Folge hat,** — ein solcher Rechtszustand erscheint dringend abänderungsbedürftig. Entscheiden die **Strafkammern** unter Zuziehung von **Laienrichtern** als erste Instanz, mit all der richterlichen Gründlichkeit, auf die wir in Deutschland stolz zu sein Ursache haben, so wird man es ihnen überlassen können, **in schweren Fällen neben einer erheblichen Gefängnisstrafe noch eine längere Überweisung ins Arbeitshaus als Strafe auszusprechen.**

Voraussetzung wird allerdings sein, daß die **Strafvollstreckung in den Arbeitshäusern,** die heute jeder reichsgesetzlichen Regelung entbehrt, durch Gesetz und ihrem erzieherischen Zwecke gemäß geregelt wird — wie das auch für die Fürsorgeerziehung heute immer dringender gefordert wird.

Gerade für die Fälle der Nährpflichtverletzung wird schließlich die Einführung der **bedingten Verurteilung** besonders angebracht sein. Das Damoklesschwert der langfristigen Einsperrung, das dauernd über dem Haupt des bisher säumigen Nährpflichtigen schwebt, wird besser als irgendwelche andere Maßnahmen ihn veranlassen, seine Pflicht zu erfüllen.

Ich bin am Schlusse. Auch ich schrecke, wie ich nochmals betone, nicht davor zurück, gegenüber Arbeitscheuen wie gegenüber säumigen Nährpflichtigen **Zwangsmittel** anzuwenden.

Ich halte es aber aus **rechtlichen** Bedenken für unzulässig, unter dem Namen eines armenpolizeilichen Zwangsmittels etwas einzuführen, was nur als Strafe angesehen werden kann.

Ich halte es aus **sittlichen** Bedenken für unangängig, Personen ihrem gesetzlichen Richter zu entziehen, noch mehr, in eigener Sache zu entscheiden.

Ich halte an diesem Standpunkt um so mehr fest, als ich a priori und durch die Tatsachen von der **völligen Unwirksamkeit** durchdrungen bin, jemals mit diesem Mittel den gewünschten Erfolg zu erzielen.

Dagegen fordere ich
eine **Beschleunigung des Strafverfahrens;**
Heranziehung von Arbeitern zur Rechtsprechung für diese Fälle;
Einreihung der Nährpflichtverletzung unter die Vergehen und ausschließliche Zuständigkeit der — auch mit Laienrichtern besetzten — **Strafkammern zu ihrer Aburteilung,** unter Zulassung von Haft- und Geldstrafen in leichten Fällen;

Überweisung ins **Arbeitshaus** auf vom **Richter** bestimmte Dauer als Nebenstrafe für **schwere** Fälle neben **erheblicher** Gefängnisstrafe, unter **gesetzlicher** Regelung der Strafvollstreckung in den Arbeitshäusern unter Berücksichtigung des **erzieherischen** Zweckes der Strafe;

endlich die Einführung der **bedingten Verurteilung** für die Fälle der Nährpflichtverletzung.

Schon jetzt lassen sich mit den gegenwärtigen beschränkten Mitteln gewisse Erfolge erreichen. Erfolgt eine Reform in der oben angegebenen Richtung, so wird eine weitere Eindämmung des unzweifelhaft vorhandenen, aber in seinem Umfange, insbesondere bei Würdigung auch der Ursachen der Nährpflichtverletzung, auch nicht zu überschätzenden Übels möglich werden.

Printed by Libri Plureos GmbH
in Hamburg, Germany